# 网络营销

职业教育财经商贸类专业教学用书

主　编　金莉萍
副主编　徐春凌
编　者　曹爱华　陈晓雁
　　　　夏冬英　詹　静

华东师范大学出版社
·上海·

图书在版编目（CIP）数据

网络营销/金莉萍主编.— 上海: 华东师范大学
出版社，2018
ISBN 978-7-5675-7727-5

I.①网… Ⅱ.①金… Ⅲ.①网络营销–高等职业教
育–教材 Ⅳ.①F713.365.2

中国版本图书馆CIP数据核字（2018）第096593号

# 网络营销

主　　编　金莉萍
项目编辑　孙小帆
特约审读　王　睿
责任校对　王婷婷
装帧设计　庄玉侠

出版发行　**华东师范大学出版社**
社　　址　上海市中山北路3663号　邮编 200062
网　　址　www.ecnupress.com.cn
电　　话　021–60821666　　行政传真 021–62572105
客服电话　021–62865537　　门市（邮购）电话 021–62869887
地　　址　上海市中山北路3663号华东师范大学校内先锋路口
网　　店　http://hdsdcbs.tmall.com/

印 刷 者　常熟高专印刷有限公司
开　　本　787 毫米×1092 毫米　1/16
印　　张　15
字　　数　367千字
版　　次　2018年10月第1版
印　　次　2024年12月第4次
书　　号　ISBN 978–7–5675–7727–5/F·413
定　　价　35.00元

出 版 人　王　焰

（如发现本版图书有印订质量问题,请寄回本社客服中心调换或电话021–62865537联系）

# 前言

## QIAN YAN

　　随着互联网基础设施的不断完善和智能手机的普及和应用，我国电子商务进入了发展的"快车道"。据《中国互联网发展报告2018》，2017年中国电子商务交易额达29.16万亿元，同比增长11.7%，增速稳中向好。在电子商务发展迅猛的市场环境下，提升销售水平和自身市场竞争力成为电商企业的重要追求之一。于是，以互联网平台为依托的网络营销成为企业新宠儿。

　　本书紧跟时代潮流，详细而全面地介绍了网络营销方面的知识和实际运用的方法，让读者在掌握网络营销相关理论的基础上提高自身的实践技能水平。

　　在本书中，编者将从网络营销体验、知识体系平台、网络市场调研、付费推广等方面入手，阐明基本概念的同时，结合具体的操作过程，将理论知识更好地展现在企业的职业岗位上。这样，读者不仅可以了解理论，更能将所学知识付诸实践。

　　全书共分为9个项目。首先，在本书的项目一中，编者深入浅出地对网络营销的概念、特点和流程进行了解释，并通过分析国内三年来的网络营销数据，为读者构建起基础知识背景框架。随后项目二至项目四，编者着眼于网络营销的前期准备工作，介绍了知识问答体系平台、网络市场调研以及常用的推广平台。项目二基于生活中常见案例，全面地叙述了知识体系的分类、企业知识问答体系推广方式和知识问答平台的操作；项目三的网络市场调研则通过毕业生找工作以及化妆品用户消费问卷这类接地气的案例，阐述如何进行网络信息收集、调查问卷设计；项目四的常用推广工具，详尽分析微博、微信、群组、短信等6种常用工具的推广方法。从项目五开始，网络营销的实用操作学习成为重点。项目五的付费推广，以网络广告贯穿整个章节，使读者从理论学习慢慢迈向现实操作，掌握核心技能。项目六和项目七则聚焦站内，从介绍站内优化方法到有效的站内营销方式来告知读者要重视站内推广。项目八重点阐述网络营销中的CRM精准营销。CRM的营销方式以大数据为依托，通过对网店运营现状、客户属性和商品销售的分析，帮助企业制定更高效的营销方式。最后，本书以项目九新媒体营销收尾，结合移动电子商务概念和发展历程，通过翔实的案例，解释SoLoMo营销的表现形式和显著特点；此外，项目九还介绍了若干种典型的 O2O 模式，通过场景描绘，展现 O2O 在生活中的应用。最后一个项目是对现阶段电子商务发展催生的新型营销方式的总结，也有对未来的展望，供读者想象和思考。

　　本书内容及案例具有以下特色：首先是内容全面而又不失新颖，编者系统梳理了网络营销领域的知识，从网络营销是什么到进行网络营销需要哪些知识储备，再到如何进行网络营销操作，逻辑线条清晰；其次是在构建知识框架体系的同时，理论与实践紧密结合，相辅相成；最后，本书精选的案例与你我的生活相关，很"接地气"，典型而不枯燥。本书的排版采用了图文并茂的方式，直观易懂，使读者能够轻松地理解并运用。此外，本书还尤其注重读者的阅读学习体验。每个任务的结尾都有设置相应的任务评价，既是对任务的简要概括，也能让读者了解到本任务的叙述重点和自我学习情况。

　　本书由上海市振华外经职业技术学校的老师与电子商务企业的专家组成的编写小组共同编写完成。金莉萍老师负责对全书统稿、总撰，编写人员有徐春凌、曹爱华、陈晓雁、夏冬英、詹静老师。由于编者水平有限，在编写本书的过程中难免会存在疏漏之处，恳请广大读者批评指正。

编者

2018.09

# 目 录

MU LU

# 项目 一 网络营销体验

**项目简介**

本项目中，我们将学习网络营销岗位的相关知识，使网络营销人员在上岗前对自己的岗位工作有一个大致的认识。本项目的知识包括网络营销概述、网络营销岗位的需求和网络营销岗位的设置，从岗位的宏观概况到微观的岗位技能，通过学习，了解什么是网络营销，具备初步的网络营销岗位认识。

**项目目标**

◎ 能够说出网络营销的内容；
◎ 能够搜索网络营销招聘岗位；
◎ 了解网络营销的职业发展趋势；
◎ 培养网络营销岗位的搜索能力。

## 任务一　了解网络营销的基本内容

 **任务介绍**

学习网络营销的第一步就是要知道什么是网络营销。在本任务中，我们将学习什么是网络营销，包括网络营销的含义、特点和流程，全面了解网络营销的内涵。

 **活动描述**

小李是一个刚毕业的电子商务专业大学生，由于她对营销比较感兴趣，她打算找一份网络营销相关的工作。找工作之前，小李需要做一些准备，就是对网络营销岗位有一个全面的认识，知道什么是网络营销，以及网络营销岗位的具体内容。在本活动中，我们将和小李一起学习网络营销的含义、特点和流程。

 **活动实施**

**第一步，了解网络营销的含义**

网络营销是指以企业实际经营为背景，以网络营销实践应用为基础，从而达到一定营销

1

目的的营销活动。网络营销可以采取的方式有多种，如 E-mail 营销、博客与微博营销、网络广告营销、视频营销、媒体营销等。总体来说，凡是以互联网或移动互联为主要平台开展的各种营销活动，都可称之为网络营销。简单地说，网络营销就是以互联网为主要平台进行的，为达到一定经营目的的营销活动。

网络营销有两个基本属性：

一是网络属性。基于互联网，以互联网为营销介质。

二是营销属性。属于营销范畴，是营销的一种表现形式。

企业网络营销包含企业网络推广和电子商务两大要素，网络推广就是利用互联网进行宣传推广活动；电子商务指的是利用简单、快捷、低成本的电子通信方式，买卖双方无需谋面地进行各种商贸活动。网络营销与传统营销一样都是为了实现企业营销目的，但在实际操作和实施过程具有较大的区别。

**第二步，了解网络营销的职能**

网络营销可以在八个方面发挥作用：网络品牌、网站推广、信息发布、销售促进、网上销售、顾客服务、顾客关系、网上调研。这八种作用也就是网络营销的八大职能，网络营销策略的制定和各种网络营销手段的实施也以发挥这些职能为目的。

（1）网络品牌

企业开展网络营销的目的之一就是在网上推广自己的企业品牌，为自己的线下品牌树立良好的网络形象。网络品牌也是企业线下品牌推广在网络上的延伸和拓展。

（2）网站推广

推广自己的企业网站，获得高点击量和高的浏览量，这是企业网络营销的前提，有流量才会有销量，如果企业的网站一直无人问津，那么销量自然不会高。

（3）信息发布

网络是各种信息的集成，也是信息传播的高效手段。企业可以方便、快捷地通过网络把自己的信息传递给消费者、合作伙伴、公众等。

（4）销售促进

网络上可以开展多种高效促销手段，例如网络广告、网络促销活动等，都可以促进企业的商品销售。

（5）网上销售

网络渠道的销售现在逐渐成为一些企业的主要销售渠道，通过开设网上店铺，企业可以通过图片、文字等形式把商品发布到网上，供消费者选择和购买。

（6）顾客服务

企业通过网络可以为客户提供快捷、便利的服务，网络客户服务的形式有很多种，例如在线交流软件、FAQ（常见问题解答）、电子邮件、论坛等。通过网络进行客户服务，可以提高企业的服务效率，缩短企业的服务成本，为客户提供随时随地的服务。

（7）顾客关系

网络营销的过程中，可以收集到大量的客户数据，企业可以对客户数据进行分析，进而对客户关系进行更加全面、高效的管理。

（8）网上调研

通过网络开展市场调研，可以为企业节省市场调研的成本，并且提高调研的效率，缩短调研的周期。

网络营销的各项功能相互联系、相互促进，最终为企业的运营提供帮助。企业开展网络营销也要充分发挥网络营销各个功能的作用，这样才能更好地利用网络营销为自己服务。

### 第三步，了解网络营销的流程

网络营销主要包括以下五个基本流程：

图1-1　网络营销的主要流程

① 通过网络营销调研过程，了解市场和客户的相关信息，为后面的营销活动开展提供数据支持。

② 企业在制定网络营销战略时，会有多个选择方案，制定的备选方案又会根据具体情况的不同而进行选择，选择出最优的一个战略。

③ 大方向的战略选择好后，就可以开始制定具体的营销策略，同样，营销策略也是会有多个备选项，然后再根据具体情况选择一个最优的策略。

④ 网络营销实施是策略的具体执行，是对策略中制定的所有网络营销活动的具体实施。

⑤ 网络营销管理则是对整个营销过程的管理和策划。网络营销是一个系统性的工作，各个工作环节都对企业的营销运营非常重要，只有统筹规划、系统布置、科学管理，才能使整个营销工作高效地进行。

## 活动评价

| 评价项目 | 自我评价 | | 教师评价 | |
| --- | --- | --- | --- | --- |
| | 小结 | 评分（5分） | 小结 | 评分（5分） |
| 1. 能说出网络营销的含义 | | | | |
| 2. 能说出网络营销的特点 | | | | |
| 3. 能了解网络营销的流程 | | | | |

# 任务二　了解网络营销岗位

**任务介绍**

网络营销岗位的人员需求量巨大，想要成为一名网络营销工作人员，必须要对网络营销岗位进行全面的了解。在本任务中，我们将了解网络营销岗位的需求和岗位要求。

**活动描述**

小李想要从事网络营销工作，不仅是因为自己的兴趣，还因为网络营销巨大的发展前景和发展速度。据统计，截止到 2016 年 6 月，全国电子商务交易额达 5.35 万亿元，同比增长 24.3%。其中，B2B 交易额达 5.4 万亿，同比增长 20%。网络零售市场交易规模达 7 542 亿元，同比增长 50%。然而，随着互联网的发展，互联网正在颠覆以往的生活，人们购物不再局限于商场。网络购物场景不断优化，随着人们网络购物习惯的养成，电子商务越来越成为主流，越来越多的中小企业已经感受到了网络营销的魅力。但网络营销领域的人才却十分短缺。社会和行业对于网络营销人才需求非常旺盛，因此快速地学习并掌握网络营销知识，成为社会和行业所需要的紧俏人才是很多求职者的"不二之选"。

**活动实施**

**第一步，通过职位检索了解岗位需求**

网络营销是一种基于互联网的新型营销方式，在互联网高速发展的时代背景下，它迅速渗透进各行各业，为公司与客户之间提供产品或服务的交换服务，更可以为越来越多的人群或公司传递信息、宣传品牌。据统计，网络营销岗位的人才需求呈现了稳步递增的趋势，我们可以通过各个招聘网站了解网络营销岗位的人才需求情况。

在招聘网站职位搜索框中输入"网络营销"，点击"搜索"。（图 1-2）

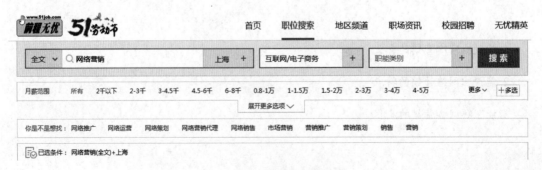

图1-2　网络营销主要岗位搜索

在搜索结果中查看所有关于网络营销的岗位招聘职位。（图1-3）

| 职位名 | 公司名 | 工作地点 | 薪资 | 发布时间 |
|---|---|---|---|---|
| 网络营销经理 | 试管邦 | 上海-奉贤区 | 0.8-1.5万/月 | 05-01 |
| 网络营销专员（微信营销专员） | 上海铭喜商务咨询有限公司 | 上海-浦东新区 | 4.5-6千/月 | 05-01 |
| 销售主管/网络营销经理/储备干部/周末.. | 南京融证通网络科技有限公司 | 上海-普陀区 | 1.5-2万/月 | 05-01 |
| 市场营销主管/品牌推广/网络营销 | 宣邦智能科技（上海）有限公司 | 上海-奉贤区 | 0.8-1万/月 | 05-01 |
| 媒介经理（网络营销媒体） | 上海麦广互娱文化传媒股份有限公司 | 上海-浦东新区 | 0.8-1万/月 | 05-01 |
| 网络营销/客户专员（维护财经台直播客. | 上海菁洋贸易有限公司 | 上海-浦东新区 | 0.8-1万/月 | 05-01 |
| 高薪诚聘网络推广专员/网络营销代表 | 领族网络技术（上海）有限公司 | 上海-黄浦区 | 4.5-6千/月 | 05-01 |
| 网络营销工程师 | 上海充昊新能源科技有限公司 | 上海-浦东新区 | 1-1.5万/月 | 05-01 |
| 网络营销专员 | 上海极鲜网电子商务有限公司 | 上海-徐汇区 | 0.8-1万/月 | 05-01 |
| 网络营销运营推广（实习） | 上海旅烨网络科技有限公司 | 上海 | 3-4.5千/月 | 05-01 |

图1-3 网络营销招聘列表

点击某一具体岗位，查看该岗位的招聘详细信息。（图1-4）

**网络营销运营推广（实习）** 上海     **3-4.5千/月**

上海旅烨网络科技有限公司 ⊙     该公司所有职位

无工作经验    大专    招聘7人    05-01发布

五险一金   弹性工作   补充公积金   专业培训   绩效奖金   年终奖金

**职位信息**

职位描述：

招聘要求：

1、大专及以上学历者优先，专业不限；

2、营销专业、电子商务专业或对网络营销、电子商务有浓厚兴趣的人士；

3、良好的沟通协作能力和领悟力，团队合作意识强，敬业，有责任感，能够承受工作压力；

岗位职责：

1、思维清晰，具有较强的数据分析能力，能分析各种统计软件的数据；

2、协助其他各个部门完成指派的工作，完成领导临时交办的任务。

图1-4 网络营销岗位招聘信息

**第二步，了解网络营销岗位设置**

由于网络营销同时具备网络和营销这两个属性，所以网络营销包含了网络技术类的岗位和营销类的岗位。网络营销岗位可以分为商务类岗位、技术类岗位和运营管理类岗位三种类别。不同类别的岗位设置侧重点不同：商务类岗位侧重于营销内容，技术类岗位侧重于网络技术，运营管理岗位侧重于营销的管理和分析。下面是这三类岗位的一般职位设置和岗位要求：

**（1）商务类岗位**

① 网络推广 / 网站推广专员职位描述。

网络推广 / 网站推广专员职位描述见表1-1。

表1-1 网络推广/网站推广专员职位描述

| 职位名称 | 网络推广 / 网站推广专员 |
|---|---|
| 职位的概要描述 | 负责网络推介文案、创意文案的撰写与发布，负责广告投放和媒体公关，同时负责网站有效流量的监控。 |
| 岗位职责 | 1. 负责传播文案、创意文案、软文、新闻等撰写和发布执行控制；<br>2. 负责论坛事件营销的创意和执行；<br>3. 负责媒介公关和广告投放执行和监测；<br>4. 负责邮件、博客等各种网络推广形式的规划和执行；<br>5. 对网站的有效、精准流量负责。 |
| 岗位要求 | 1. 3年以上电子商务 / 网络营销工作经验；<br>2. 具有网络营销、传播策划、品牌策划等工作所需的理论知识及实践技能；<br>3. 了解各种网络营销方法、手段、流程，并有一定实操经验；<br>4. 卓越的策略思维和创意发散能力，具备扎实的策划功底；<br>5. 优秀的文案能力，能撰写各种不同的方案、文案。 |

② 网站编辑 / 网络编辑职位描述。

网站编辑 / 网络编辑职位描述见表 1-2。

表1-2 网站编辑/网络编辑职位描述

| 职位名称 | 网站编辑 / 网络编辑 |
|---|---|
| 职位的概要描述 | 负责网站资讯内容、网络运营专题推广文案的撰写与执行，负责企业或品牌的传播和销售水平的提高。 |
| 岗位职责 | 1. 负责定期对网站资讯内容及产品编辑、更新和维护工作；<br>2. 负责网站频道、栏目、专题的策划与执行，能对线上产品进行有机整合，并拟定活动方案；适时对改进网站频道设计调查报告，提出可行性计划； |

| | |
|---|---|
| 岗位职责 | 3. 编写营销推广资料，收集、处理和研究阅读者的意见与建议； |
| | 4. 频道管理与栏目的发展规划，促进网站知名度的提高； |
| | 5. 负责公司新闻活动的外联、报道与总结，对重要活动人物进行采访； |
| | 6. 对各网站的相关内容进行质量把控，以提升网站内容质量。 |
| 岗位要求 | 1. 具有 2 年以上新闻记者、编辑工作经验； |
| | 2. 熟悉网络营销岗位技能，了解客户市场的需求，制作专题的经验和维护频道能力较强； |
| | 3. 具有扎实的营销知识和丰富的实践经验，能有效提升网站的传播能力和销售转化率； |
| | 4. 具有扎实的文字功底及编辑能力； |
| | 5. 拥有良好的沟通与表达能力，较强的反应能力和分析问题、解决问题的能力； |
| | 6. 具有出色的工作责任心，良好的团队合作精神，能够承受一定的工作压力； |
| | 7. 熟悉网站的运营，了解并能使用 DW、PS 及 Office 软件等网页编辑工具。 |

③ 网络营销文案策划职位描述。

网络营销文案策划职位描述见表 1-3。

表1-3　网络营销文案策划职位描述

| | |
|---|---|
| 职位名称 | 网络营销文案策划 |
| 职位的概要描述 | 负责网络运营部推广文案、创意文案、产品文案、品牌文案、专题策划案的撰写与执行，负责网站销售力和传播力的提升。 |
| 岗位职责 | 1. 负责公司产品文案、品牌文案、项目文案的创意和撰写； |
| | 2. 负责公司网站的专题策划并和网站编辑共同执行文案撰写； |
| | 3. 负责规划方案和策划方案的撰写； |
| | 4. 负责传播文案的创意和撰写； |
| | 5. 对网站的销售力及传播力负责。 |
| 岗位要求 | 1. 具有 3 年以上品牌、广告、软文撰写的工作经验，有一定的策略方案经验； |
| | 2. 具备营销、品牌、广告等系统的理论知识和丰富的实践经验； |
| | 3. 卓越的策略思维和创意发散能力，具备深刻的洞察力； |
| | 4. 优秀的文案能力，能撰写各种不同的方案、文案； |
| | 5. 熟悉网络特点，了解网络文化，具备网络营销经验，掌握网络营销方法。 |

**（2）技术类岗位**

技术类岗位针对性比较强的岗位主要有：

① SEO 专员。

SEO 专员即搜索引擎专员，主要岗位描述见表1-4。

表1-4　SEO专员职位描述

| 职位名称 | SEO 专员 |
| --- | --- |
| 职位的概要描述 | 负责网站关键词在主流搜索引擎中的检索排名，提高网站流量，增加网站订单量。 |
| 岗位职责 | 1. 负责搜索流量的提升。增加通过搜索引擎检索到网站的自然流量，提升网站在主要搜索引擎的搜索排名；<br><br>2. 从事网络营销研究，分析与服务工作，评估关键词；<br><br>3. 对网站和第三方网站进行流量、数据或服务交换，或战略合作联盟，增加网站的流量和知名度；<br><br>4. 制定网站长期性的推广方案。负责阶段性推广计划的制定、执行，负责网站注册用户数、浏览量等综合指标；<br><br>5. 结合网站数据分析，对优化策略进行调整；<br><br>6. 了解网站业务，锁定关键字；使站点内容强化，内部链接、外部链接建立；结合网站数据进行分析；扩展长尾词。 |
| 岗位要求 | 1. 具有两年以上 SEO 相关工作经验，有过大中型网站优化经验优先；<br><br>2. 掌握百度、Google、yahoo 等搜索引擎的基本排名规律；并精通以上各类搜索引擎的优化，包括站内优化、站外优化及内外部链接优化等；精通各种 SEO 推广手段，并在搜索引擎上的关键词排名给予显示；<br><br>3. 具有较强的竞争对手监控能力、网站关键字管理与监控能力。定期对相关数据进行有效分析，要求有较强的数据分析能力；<br><br>4. 具备和第三方网站进行流量、数据、反向链接或服务交换的公关能力。 |

② 网站美工 / 网页设计师。

网站美工 / 网页设计师从事的工作虽然看似属于纯技术，与平面设计休戚相关，但是，从电商网络营销角度而言，仍然属于商务类的视觉营销工作。

网站美工 / 网页设计师的主要岗位职责与要求，见表1-5 所示。

表1-5　网站美工/网页设计师的主要岗位职责与要求

| 职位名称 | 网站美工 / 网页设计师 |
| --- | --- |
| 职位的概要描述 | 负责公司网站美工设计及运营过程中需要美工支持的各方面工作。 |

续　表

| 岗位职责 | 1. 负责公司网站平台设计和前台制作及改版等工作；<br>2. 负责网站图片、焦点图、flash、版面编排等设计工作；<br>3. 负责网站焦点专题的设计；<br>4. 负责电子书、邮件等在运营过程中美工的设计；<br>5. 负责公司其他需要美工表现的工作；<br>6. 对网站客户体验的视觉体验负责。 |
|---|---|
| 岗位要求 | 1. 具有2年以上营销型网站设计制作工作经验；<br>2. 具有优秀的审美能力，独特的创意，良好的美术功底，较强的网页创意设计和视觉表现能力；<br>3. 熟练使用 PHOTOSHOP、FLASH、DREAMWEAVER 等设计软件；<br>4. 了解 HTML、CSS、javascript 等网页设计语言规范；<br>5. 精通网页版面设计与网页制作、平面设计，独立完成整个网站项目的设计。 |

### （3）运营管理类

① 网络营销运营专员。

网络营销运营专员的岗位职责见表1-6。

表1-6　网络营销运营专员职责与要求

| 职位名称 | 网络营销运营专员 |
|---|---|
| 职位的概要描述 | 对网站传播营销力和销售水平负责；负责推广文案、创意文案、品牌文案、深度专题的策划以及网络运营产品文案的撰写与执行。 |
| 岗位职责 | 1. 负责网站数据分析，运营提升；<br>2. 负责搜索竞价平台的管理；<br>3. 协助部门经理建设网络营销的商业流程体系；<br>4. 负责公司网站的规划落地执行；<br>5. 协助部门经理完善部门管理体系，协助部门规划、总结，协助招聘、考核、管理本部门员工。 |
| 岗位要求 | 1. 具有3年以上电子商务/网络营销工作经验；<br>2. 具备网络营销策划、品牌策划理论知识与技能和一定的项目管理实践经验；<br>3. 具有优秀的网络营销数据分析能力和丰富的分析经验；<br>4. 对客户体验有深刻认识和独特领悟，具备一定的网站策划能力和文案写作能力；<br>5. 对网络营销商业全流程都具备一定认知和执行能力。 |

② 网络营销经理 / 运营经理。

网络营销经理 / 运营经理的职位要求见表1-7。

**表1-7　网络营销经理/运营经理职位描述**

| 职位名称 | 网络营销经理 / 运营经理 |
| --- | --- |
| 职位的概要描述 | 负责本部门整体运营，熟练指导推广策划、网络营销策划、网站内容策划等业务，对部门员工的工作进行管理、指导、监督与考核。 |
| 岗位职责 | 1.负责本部门绩效目标达成，负责网络营销项目总策划，确定战略方向、规划和监控运营流程；<br>2.负责网站平台的策划指导和监督执行；<br>3.指导和监督网站专题内容、资讯内容、产品文案和品牌文案等的撰写与发布；<br>4.负责网站推广策略总制订，以及执行指导和监督管理；<br>5.负责网站数据分析，运营提升；<br>6.负责本部门的建立，员工招聘、考核、管理，部门规划等。 |
| 岗位要求 | 1.有5年以上电子商务 / 网络营销工作经验，3年以上项目策划、运营经验；<br>2.具备项目管理、营销策划、品牌策划、网络营销等系统的理论知识和丰富的实践经验；<br>3.具有优秀的电子商务 / 网络营销项目策划运营能力，熟悉网络文化和特性，对各种网络营销推广手段都有实操经验；<br>4.具有卓越的策略思维和创意发散能力，具备扎实的策划功底；<br>5.具有优秀的文案能力，能撰写各种不同的方案、文案；<br>6.对网络营销商业全流程都具备策划、运营、控制、执行能力；<br>7.具有丰富的管理经验、优秀的团队管理能力。 |

**活动评价**

| 评 价 项 目 | 自 我 评 价 | | 教 师 评 价 | |
| --- | --- | --- | --- | --- |
| | 小 结 | 评分（5分） | 小 结 | 评分（5分） |
| 1.能知道商务类岗位的要求 | | | | |
| 2.能知道技术类岗位的要求 | | | | |
| 3.能知道运营管理岗位的要求 | | | | |

# 练习题

## 一、单选题

1. 下列哪项是网络营销的基本属性？　　　　　　　　　　　　　（　　）
   A. 网络属性　　　　　　　　　　　B. 同时性
   C. 关联性　　　　　　　　　　　　D. 异地性

2. 下列哪项不属于网络营销的特点？　　　　　　　　　　　　　（　　）
   A. 公平性　　　　　　　　　　　　B. 商务性
   C. 虚拟性　　　　　　　　　　　　D. 全球性

3. 网络营销的多重性是指？　　　　　　　　　　　　　　　　　（　　）
   A. 有多个卖家　　　　　　　　　　B. 有多个买家
   C. 有多个商品　　　　　　　　　　D. 有多重买卖关系

4. 下列哪一项不是网络营销的职能？　　　　　　　　　　　　　（　　）
   A. 销售促进　　　　　　　　　　　B. 网站推广
   C. 公平交易　　　　　　　　　　　D. 网络品牌

5. 下列哪一项不是网络推广专员的工作内容？　　　　　　　　　（　　）
   A. 给客户打电话进行购买回访。
   B. 给客户发邮件进行营销活动介绍。
   C. 在论坛发帖推广网站。
   D. 媒介公关和广告投放执行和监测。

6. 下列哪一项是 SEO 专员的工作内容？　　　　　　　　　　　（　　）
   A. 网站页面美化　　　　　　　　　B. 论坛发帖
   C. 回复客户咨询　　　　　　　　　D. 网站关键词优化

7. 下列哪一项不是网站美工的工作内容？　　　　　　　　　　　（　　）
   A. 网站页面设计　　　　　　　　　B. 商品图片美化
   C. 企业广告设计　　　　　　　　　D. 企业新闻发布

8. 下列哪一项不是招聘网站？　　　　　　　　　　　　　　　　（　　）
   A. 前程无忧　　　　　　　　　　　B. 智联招聘
   C. 应届生网　　　　　　　　　　　D. 学信网

## 二、多选题

1. 下列哪几项是网络营销的基本属性？　　　　　　　　　　　　（　　）
   A. 网络属性　　　　　　　　　　　B. 技术属性
   C. 权限属性　　　　　　　　　　　D. 营销属性

2. 下列哪几项属于网络营销的特点？　　　　　　　　　　　　　（　　）
   A. 公平性　　　　　　　　　　　　B. 商务性
   C. 虚拟性　　　　　　　　　　　　D. 自然性

3. 网络营销的虚拟性是指？　　　　　　　　　　　　　　　　　（　　）
   A. 商品虚拟　　　　　　　　　　　B. 交易过程虚拟

C. 交易方式虚拟      D. 交易双方虚拟

4. 下列哪几项是网络营销的职能？     （　　）

    A. 销售促进      B. 网络品牌

    C. 公平交易      D. 异地交易

5. 下列哪几项是网络推广专员的工作内容？     （　　）

    A. 在 QQ 群中推广商品

    B. 在微信朋友圈中发布商品

    C. 在论坛发帖推广网站

    D. 媒介公关和广告投放执行和监测

6. 下列哪几项是网络营销运营专员的工作内容？     （　　）

    A. 产品营销计划制定      B. 销售数据分析

    C. 网站后台管理      D. 网站新闻编辑

7. 下列哪几项是网站编辑的工作内容？     （　　）

    A. 网站新闻更新      B. 企业新闻编辑

    C. 商品详情页设计      D. 企业新闻发布

8. 下列哪几项是网络营销岗位？     （　　）

    A. 网络编辑      B. 网站美工

    C. 推广专员      D. 客服专员

三、判断题

1. 网络营销具有 3 个基本属性。     （　　）

2. 网络营销具有 9 项基本职能。     （　　）

3. 虚拟性是网络营销的职能之一。     （　　）

4. 网络营销的主要流程有 5 个环节。     （　　）

5. 网络营销的岗位分为 3 类。     （　　）

6. 网站美工不是网络营销岗位。     （　　）

7. 网络编辑属于网络营销岗位。     （　　）

8. SEO 的工作内容之一是编写网站新闻。     （　　）

四、案例思考

全球经济下滑步寒冬，"互联网 +"概念的提出，掌上移动营销、微信营销凸起，网络营销的发展"如日中天"。根据广西职业培训网的数据统计显示，2013 年中国电商交易额超 10 万亿元，同比增长 21.3%，2017 年电子商务市场规模将达 21.6 万亿元。如此大的规模，表明网络营销已经进入了快车道。作为一个网络营销人员应该掌握哪些基本技能？

项目 **二** 知识体系平台

**项目简介**

在本项目中，我们将了解网络营销中的一种营销推广方式——知识体系平台营销推广。常见的知识体系平台有知识问答、百科和文库。我们将学习这三种营销推广方式的含义、推广方式和具体操作步骤。

**项目目标**

◎ 了解知识问答的推广方式；
◎ 了解百科的推广方式；
◎ 了解文库的推广方式。

# 任务一　了解知识问答体系

 **任务介绍**

在互联网高速发展的当代，有很多人在遇到问题后都是通过网络来找到答案。小李也不例外，但是作为一个营销推广工作人员，知识问答也是一种重要的网站推广工具。在SEO（搜索引擎优化）越来越大众化的潮流下，利用问答平台来推广网站有效性被大多数人们所认可。

 **活动描述**

小李通过互联网找到了一份营销推广工作。通过互联网，小李可以完成工作，可以在线学习，还可以解答自己生活、学习中的问题。知识体系平台就是小李经常使用的一种推广工具。在本活动中，我们将通过小李营销推广中的工作实例来了解知识问答体系平台的使用。

**活动实施**

**第一步，了解知识问答体系的分类**

网络知识问答是一种基于搜索的互动式知识问答分享平台。每个网络用户都可以通过平台账号发布自己的问题，等待他人来回答。也可以通过查看他人提出的问题，选择其中自己知道的问题进行回答。提问者根据问题答案的准确度来给答案评分。

知识问答体系分为两大类。

**第一类，互联网搜索引擎知识问答体系。**

这类知识问答体系一般是由某种搜索引擎或者浏览器、互联网企业建立的用户之间的知识问答构成的，例如百度知道、搜狗问问、360好搜问答等。（图2-1、图2-2、图2-3）

图2-1　百度知道

图2-2　搜狗问问

图2-3　360好搜问答

这类由搜索引擎公司或互联网企业建立的知识问答体系，用户在发布问题时首先需要登录，然后再发布自己的问题或回答他人的问题。

**第二类，专业网站内部的知识问答体系。**

专业类网站是指只涉及某一领域信息的专门网站，例如汽车类信息网站、房产类信息网站、健康知识类网站，这类专业网站内部也会建立一定的知识问答体系，以便网站用户之间的知识交流。例如，安居客网站的知道板块，就是为该网站所有用户提供了一个房产知识问答交流的平台。（图2-4）

图2-4　安居客问答

**第二步，了解企业知识问答体系的推广**

企业的知识问答推广，主要是通过在知识体系中进行问题和答案的发布，有相似问题的用户只要在知识体系中进行问题搜索，就会看到该问题的答案。

例如，李女士想要在网上给女儿买沐浴露，但是她又不知道哪款比较好用，于是她在育儿知识问答平台"宝宝树"中搜索"婴儿沐浴露哪个好"，搜索结果中有很多和她提出问题相似的问题，于是她点击其中的一个搜索结果，看到该问题的答案推荐了两款沐浴露，并且回答者通过自己的使用经验说明了推荐产品的优点"无香精、无防腐剂、温和、滋润"。（图2-5）

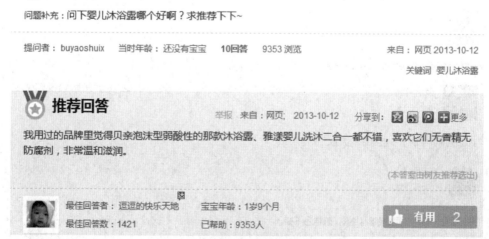

图2-5　知识问答推广

李女士的这次问答搜索案例就是典型的知识问答推广。

知识问答体系有两点推广价值：

**（1）口碑营销**

知识问答形式的推广是互联网用户之间的口碑营销。

在传统的口碑营销中，对于企业而言，企业需要通过客户间的相互交流将自己的产品信息或者品牌传播开来；对于消费者而言，想要了解一款商品或一家企业可以向自己的熟人打听。

在互联网高速发展的当代，互联网用户是不可忽视的一个庞大群体，据统计，至2015年我国的互联网用户达6.48亿。知识问答系统就是通过问和答的方式做到产品或企业的口碑营销，消费者可以通过网络知识问答体系发起问题、回答问题或浏览问题答案，这就形成消费者之间的网络口碑。

例如，李女士想要在网上给女儿买沐浴露，但是她又不知道哪款比较好用，于是她在育儿知识问答平台"宝宝树"中搜索"宝宝用什么牌子的沐浴露好"，搜索结果中有很多和她提出问题相似的问题，于是李女士就开始查看这些相似问题的答案，发现很多人都推荐"贝亲"这个品牌的产品，大家都说这个牌子的沐浴露好用，于是李女士也打算购买。（图2-6）

图2-6 知识问答推广

（2）经验沉淀

在很多问题的回答中，回答者会描述自己的使用经验。在购物过程中，很多消费者心理比较偏向于相信该产品使用者的描述信息，潜意识里他们觉得这些信息比厂家的介绍信息更为可靠。

例如，下图的回答中，回答者描述了自己的使用情况，这种使用描述，给其他浏览问题的网络用户提供了该产品的使用介绍，并且在一个问题中，很多用户会根据自己的使用进行描述，这就构成了使用者之间的经验交流，这些经验交流信息对想要买这款产品的消费者来说就是重要的参考信息。（图2-7）

**首页 > 育儿网问题 > 什么牌子的纸尿裤最好？**

[已解决] 什么牌子的纸尿裤最好？

我想问一下，什么牌子的纸尿裤最好用呢？

jiayijiaj

问　答　历史

悬赏:10分

回答:48

[已采纳]

我用过很多牌子的尿裤，综合比较下来觉得好奇铂金装是最好用的，表面很柔软，吸收量不错，宝宝从来没有过红屁屁，弹力腰围也不会让宝宝勒出红印，宝妈可以试试哦~

Coffee芽芽

问　答　历史

2014-04-11 11:08:58

提问者对回答的评价(星):

我们用过多品牌，我觉得还是妈咪宝贝比较好，因为他有男宝和女宝两种，而且比较宽，不容易外漏

其实纸尿裤只要适合你家宝宝的就好，没有必要找什么最好的，花王的我觉得挺贵的，可是还有宝宝穿着过敏呢，适合其他宝宝的不一定适合你家宝宝。所以建议宝妈可以拿点试用装试一下，找到合适你家宝宝的，个人觉得好奇和帮宝适都不错的。

地球村

2014-04-13 15:50:56

图2-7　经验沉淀

**第三步，学习知识问答平台的操作**

**（1）回答提问**

① 登录问答体系首页。（图2-8）

新闻　网页　**问答**　视频　图片　音乐　地图　百科　良医　购物　手机　软件

| 全部 | 全部 | 零回答 | 高悬赏 |
|---|---|---|---|
| 电脑/网络 | 健儿乐颗粒2个月的宝宝可以吃吗 | 0回答 | 5分钟前 |
| 手机/数码 | 如果引用的出处页码是胡乱编造的，论文检测时... 💬5 | 0回答 | 5分钟前 |
| 生活 | 360游戏大厅开小号打开网页怎么闪退了啊 | 0回答 | 5分钟前 |
| 游戏 | pWPS合并单元格最后一个怎么不好弄 | 0回答 | 5分钟前 |
| 体育/运动 | 用工贸公司做路灯安装要缴什么税 | 0回答 | 5分钟前 |
| 娱乐明星 | 起亚傲施远近光装什么型号灯泡 | 0回答 | 5分钟前 |
| 休闲爱好 | 2013版本excel方差分析结果怎么看 | 0回答 | 5分钟前 |
| 文化/艺术 | 深圳宝安信达证券哪里开户 | 0回答 | 5分钟前 |
| 社会民生 | 腿疼拍片与做磁共振检查出问题是什么病 | 0回答 | 5分钟前 |
| 教育/科学 | 王翦请田的典故对企业实施关系营销的启发？ | 0回答 | 5分钟前 |
| 健康/医疗 | 如何提高门票附加值 | 0回答 | 5分钟前 |
| 商业/理财 | 百姓网的交友认干儿是不是骗人 | 0回答 | 5分钟前 |
| 情感/家庭 | | | |
| 地区问题 | | | |
| 其它 | 查看全部问题 | | ⟳ 换一换 |

图2-8　问答体系首页

② 选择一个自己可以回答的问题，点击进入问题回答页面，在回答文本框中输入自己的答案，点击"提交回答"。这样一个问题就回答成功了。（图2-9）

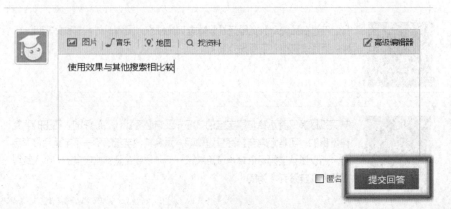

图2-9　提交问答

**（2）发布问题**

① 登录知识问答体系首页，点击"我要提问"。（图2-10）

图2-10　我要提问

② 在问题信息页面，填写问题和问题补充信息，填写好之后点击"立即提交"。（图2-11）

图2-11　发布问题

这样一个问题就发布成功了，问题发布之后等待其他人前来回答。

 **实战训练**

在百度知道上选择一个自己知道的问题进行回答。

**活动评价**

| 评 价 项 目 | 自 我 评 价 | | 教 师 评 价 | |
|---|---|---|---|---|
| | 小 结 | 评分（5分） | 小 结 | 评分（5分） |
| 1. 能归纳出知识问答平台的分类 | | | | |
| 2. 能了解知识问答平台的营销方式 | | | | |
| 3. 能掌握知识问答平台的操作 | | | | |

# 任务二　了解百科体系

 **任务介绍**

　　互联网上的百科和我们实际生活中的百科全书相似，通过网络平台把百科信息系统地通过网络展现出来。百科的信息涉及范围很广，为人们的网络信息查询提供了便利。在本任务中，我们将学习百科的含义、企业的百科推广、百科发布规则和发布操作。

 **活动描述**

　　在以前，小李遇到问题时会通过翻阅百科全书来解决，现在互联网技术高速发展，网络上也出现了类似百科全书的网络百科为人们解答疑惑。在我们日常的网络搜索中，百科提供的信息往往给用户一种权威性的搜索体验。企业可以利用百科网站这种网络应用平台，以建立词条的形式进行宣传，从而达到提升品牌知名度和企业形象等目的。

 **活动实施**

**第一步，了解什么是百科**

　　百科指天文、地理、自然、人文、宗教、信仰、文学等全部学科的科学知识的总称。互联网上的百科是指对各种名词的解释说明。互联网用户可以在搜索引擎上输入自己想要了解的任何名词，点击搜索就会看到百科对该名词的解释。（图2-12）

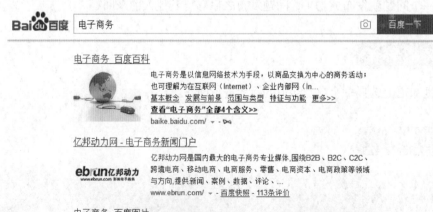

**图2-12　百度百科**

以百度百科为例，百度百科中包含了百科中的所有类别，用户可以选择或搜索自己想要了解的知识。（图2-13、图2-14）

图2-13　百度百科

图2-14　百度百科

传统的百科书目都是通过专业的文字人员经过整理、编写而成，而互联网百科最大的特点就是每个人不仅可以是百科的阅读者，而且可以成为百科创建者。点击每一个知识类别或词条，浏览者就会进入到详细信息说明页面，也可以自己参与到知识的编辑、上传环节。

**第二步，了解企业的百科推广**

随着互联网的普及，许多人在接触到陌生事物时，会先到互联网上进行检索。通常在百度搜索各种名词，会发现，往往排在搜索引擎结果页第一位的，都是百科网站中的词条。而且由于百科的严格审核机制，百科中出现的词条往往具有权威性，企业使用百科作为推广方式能够提升企业形象。

例如，李女士想要了解贝亲这个婴儿用品品牌，在百科中输入"贝亲"，点击搜索，就会得到和贝亲这个词条相关的百科介绍。（图2-15）

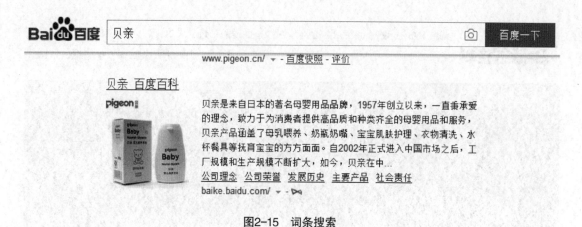

图2-15 词条搜索

李女士点击"贝亲"百度百科，就可以看到贝亲这个品牌和这个品牌旗下产品的介绍。（图2-16）

图2-16 词条解释

这就是该品牌的百科推广。百科推广是以建立词条的形式进行宣传，从而达到提升品牌知名度和企业形象等目的的活动。

**第三步，了解百科的发布规则**

百科词条的创建和修改也会受到百科发起公司的审核，只有符合一定要求的百科词条才会上传成功。以下是一些百科词条创建的基本规则：

**通用规则：** ①不能添加广告性质的内容，如联系方式、官方网站链接等；

②不能在百科编写涉及反动、违法犯罪、色情、暴力的内容；

③不能在百科编写虚假的、捏造的、恶搞的、缺乏根据的内容；

④ 不能侵犯他人合理权益。

**具体规则：**

① 规范的词条名称。百科规范的词条名是一个专有名词，使用正式的全称或最广为人知的常见名。例如：鱼香肉丝，鲁迅，中国石油化工集团公司；而不能是：如何烹制鱼香肉丝，周树人，中石化。

② 选择正确的词条类型。例如"太阳星云"这个词条的分类应该选择"天体"，而不能选择"星系"。

③ 完善的词条信息。添加一个词条，需要有完善的词条说明或者介绍。

④ 权威的参考资料。一个合格的百科词条不仅需要丰富的内容，还需要权威的参考资料来证明其内容的真实性，这是成功创建的最关键部分。

### 活动评价

| 评价项目 | 自我评价 | | 教师评价 | |
|---|---|---|---|---|
| | 小结 | 评分（5分） | 小结 | 评分（5分） |
| 1. 能归纳出电商客服岗位的分类 | | | | |
| 2. 能说出电商客服岗位的职责 | | | | |
| 3. 能掌握电商客服岗位的技能要求 | | | | |

**第四步，学会创建百科**

在了解这些规则之后，就可以着手创建一个百科中还没有的词条。

① 点击"创建词条"。（图2-17）

图2-17　创建词条

② 在词条名文本框中输入自己要创建的词条名称。点击"创建词条"按钮。（图 2-18）

图2-18  创建词条

| 评 价 项 目 | 自我评价 | | 教师评价 | |
|---|---|---|---|---|
| | 小　结 | 评分（5分） | 小　结 | 评分（5分） |
| 1.能知道百科的含义 | | | | |
| 2.能了解百科的发布规则 | | | | |
| 3.能掌握百科的发布方法 | | | | |

# 任务三　了解文库体系

任务介绍

在本任务中，我们将学习文库体系的相关知识。文库是网络上的一种开放知识系统，任何人都可以上传和下载文库中的文档，通过在文库文档中信息的查阅，我们可以学到知识，也可以进行企业推广。

 活动描述

　　小李在工作中，有时候会通过文库在线查找相关资料，有时也会借助文库来推广网店的商品。现在，在线文档推广作为网络营销推广方式的一种，越来越受到广大企业的青睐。文档推广的目的是让更多的用户能最大范围地搜索到企业的相关信息，更加深刻地了解企业的特点。

活动实施

### 第一步，了解什么是文库

　　文库一般是指按照编辑计划，选择一定范围内已印行的或专门编写的作品成套出版的地方。互联网文库指网上开放的、供网友在线分享文档的平台。

　　当前网络使用用户较多的文库有百度文库、豆丁网、道客巴巴、新浪爱问共享资料等。

　　以百度文库为例，百度文库是百度发布的供网友在线分享文档的平台。百度文库的文档由百度用户上传，需要经过百度的审核才能发布，百度自身不编辑或修改用户上传的文档内容。网友可以在线阅读并下载这些文档。百度文库的文档包括教学资料、考试题库、专业资料、公文写作、法律文件等多个领域的资料。用户上传文档可以得到一定的积分，下载有标价的文档则需要消耗积分。（图 2-19）

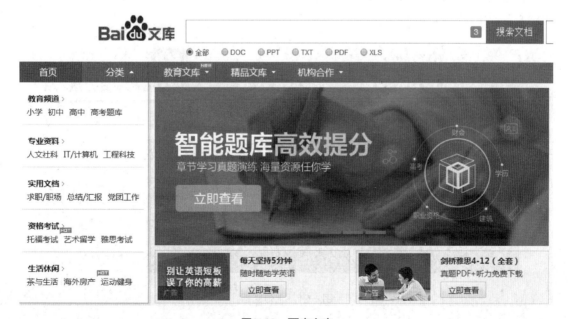

图2-19　百度文库

　　例如，李女士想在网上查找婴幼儿护理的相关知识，她在百度文库中输入自己想找的资料名称。点击"百度一下"，就显示出很多相关的文档资料。（图 2-20）

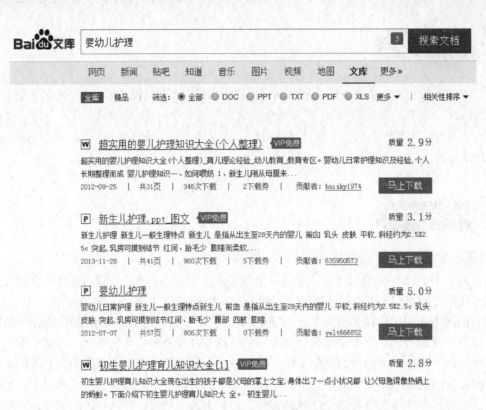

图2-20　文库搜索

点击其中一篇，李女士即可以在线阅读或下载该文档。此外，李女士还可以上传自己的文档到文库中。（图 2-21）

图2-21　上传文档

**第二步，了解企业的文库推广**

企业的文库推广，主要是通过文档的形式向网络用户介绍企业或企业产品信息。消费者在文库中搜索企业名称或产品名称，就会显示相关的文档，消费者可以在线阅览或下载该文档。

例如，李女士想要了解贝亲这个婴幼儿用品品牌的相关信息，她在百度文库中搜索"贝亲"，就会显示出与该词相关的所有文档。（图 2-22）

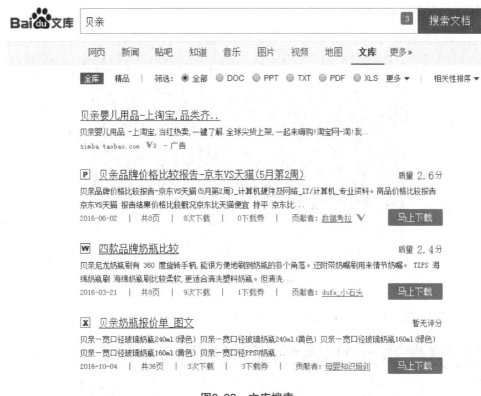

图2-22　文库搜索

点击第二条搜索记录，就会进入到文档的阅览页面。（图 2-23）

图2-23　文档阅读

该文档就为消费者了解企业的产品提供了帮助，这也是企业推广的一部分。文库推广与知识问答推广和百科推广不同，文库推广只是一种辅助推广。对于企业来说，企业一般会把产品说明书、产品介绍文案、企业活动文案等上传到文库，以便消费者查阅。

**第三步，学习文库的发布操作**

① 登录文库首页，点击"上传我的文档"；（图2-24）

图2-24　上传文档

② 在电脑中选择需要上传的文档，点击"打开"；（图2-25）

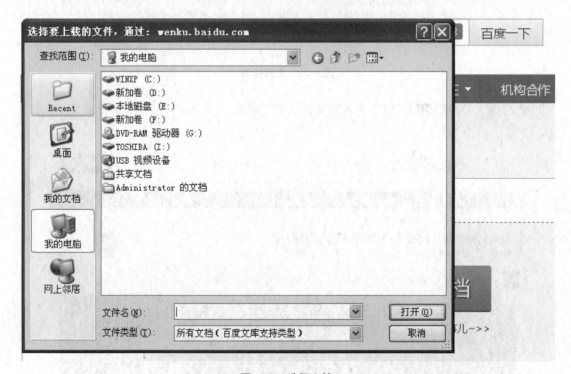

图2-25　选择文档

③填写文档简介，点击"确认上传"；（图2-26）

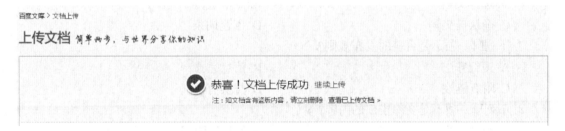

**图2-26 确认上传**

④这样一篇文档就上传成功了。（图2-27）

**图2-27 上传成功**

### 活动评价

| 评 价 项 目 | 自 我 评 价 | | 教 师 评 价 | |
|---|---|---|---|---|
| | 小 结 | 评分（5分） | 小 结 | 评分（5分） |
| 1.能知道文库的含义 | | | | |
| 2.能了解企业文库推广的方式 | | | | |
| 3.能掌握文库发布的操作 | | | | |

# 练 习 题

## 一、单选题

1. 下列哪项属于专业网站内部的知识问答？　　　　　　　　　（　　）
   A. 百度知道　　　　　　　　　　　　　B. 搜狗知道
   C. 360 搜索　　　　　　　　　　　　　D. 汽车之家

2. 下列哪项属于搜索引擎的知识问答？　　　　　　　　　　　（　　）
   A. 装修网　　　　　　　　　　　　　　B. 汽车之家
   C. 百度知道　　　　　　　　　　　　　D. 爱音乐

3. 下面哪项是知识体系推广的价值？　　　　　　　　　　　　（　　）
   A. 经验沉淀　　　　　　　　　　　　　B. 销售促进
   C. 吸引流量　　　　　　　　　　　　　D. 流量转化

4. 百科具有什么属性？　　　　　　　　　　　　　　　　　　（　　）
   A. 权威性　　　　　　　　　　　　　　B. 解释性
   C. 介绍性　　　　　　　　　　　　　　D. 从属性

5. 下列哪一项不是百科的发布步骤？　　　　　　　　　　　　（　　）
   A. 创建　　　　　　　　　　　　　　　B. 上传
   C. 内容编辑　　　　　　　　　　　　　D. 遵守规则

6. 下列哪一项不是文档的上传步骤？　　　　　　　　　　　　（　　）
   A. 选择文档　　　　　　　　　　　　　B. 点击上传
   C. 确认提交　　　　　　　　　　　　　D. 创建词条

7. 下列哪一项不是百科的发布规则？　　　　　　　　　　　　（　　）
   A. 遵纪守法　　　　　　　　　　　　　B. 信息完善
   C. 附有链接　　　　　　　　　　　　　D. 真实有效

8. 下列哪一项不是文库推广的内容？　　　　　　　　　　　　（　　）
   A. 企业信息　　　　　　　　　　　　　B. 产品说明书
   C. 产品广告　　　　　　　　　　　　　D. 品牌介绍

## 二、多选题

1. 下列哪几项是专业网站知识问答？　　　　　　　　　　　　（　　）
   A. 汽车之家　　　　　　　　　　　　　B. 家有萌宝
   C. 百度知道　　　　　　　　　　　　　D. 音乐达人

2. 下列哪几项属于知识问答推广的价值？　　　　　　　　　　（　　）
   A. 口碑营销　　　　　　　　　　　　　B. 销售促进
   C. 经验沉淀　　　　　　　　　　　　　D. 客户服务

3. 知识问答的发布问题的步骤包括？　　　　　　　　　　　　（　　）
   A. 登录知识问答体系　　　　　　　　　B. 点击发布
   C. 提交问题　　　　　　　　　　　　　D. 上传文档

4. 下列哪几项是百科的发布规则？（　　）

　　A. 遵纪守法　　　　　　　　　　B. 真实有效

　　C. 网站链接　　　　　　　　　　D. 信息完善

5. 下列哪几项是百科创建的步骤？（　　）

　　A. 阅读规则　　　　　　　　　　B. 点击创建

　　C. 编辑信息　　　　　　　　　　D. 确认提交

6. 下列哪几项是文库推广的内容？（　　）

　　A. 产品使用说明　　　　　　　　B. 企业信息介绍

　　C. 企业品牌介绍　　　　　　　　D. 企业产品广告

7. 下列哪几项是文库发布的步骤？（　　）

　　A. 点击上传　　　　　　　　　　B. 选择文档

　　C. 确认提交　　　　　　　　　　D. 回答问题

8. 下列哪几个网站是文档发布平台？（　　）

　　A. 百度文库　　　　　　　　　　B. 豆丁

　　C. 阿里巴巴　　　　　　　　　　D. 道客巴巴

### 三、判断题

1. 知识问答推广具有 3 点推广价值。（　　）

2. 百度文库是一个知识问答平台。（　　）

3. 360 搜索是一个知识问答平台。（　　）

4. 360 爱问是一个百科体系。（　　）

5. 百度文库是一个百科体系。（　　）

6. 豆丁网上可以下载文档。（　　）

7. 百科发布不需要有完善的词条信息。（　　）

8. 文库文档中可以包含商品链接。（　　）

### 四、案例思考

　　小张是一家女性化妆品电商企业的推广人员，一天小张接到一项推广任务，需要推广一款美白保湿化妆水，他应该如何运用知识问答、百科、文库来推广企业的产品？

项目 三 网络市场调研

项目简介

本项目中，我们将学习网络市场调研的内容，网络市场调研是企业进行营销的第一步，企业需要调研来获得市场信息，从而根据信息制定营销策略。所以市场调研至关重要，是企业获取信息的重要方式。

项目目标

◎ 了解网络信息的收集方式；
◎ 了解网络市场调研的内容；
◎ 学习调查问卷的设计。

# 任务一　了解网络信息的收集

 任务介绍

互联网时代是信息大爆炸的时代，信息量太多有时也会不利于我们查找信息。在互联网中，我们要获得自己想要的信息，最简单的方法就是利用搜索引擎。在本任务中，我们将学习如何使用搜索引擎来查找信息。

活动一　利用搜索引擎收集信息

 活动描述

2017 年 7 月的一天，作为网店营销推广工作人员的小李接到上级分派给她的一个任务——对上海市的消费者进行一次消费满意度的调研。在调研之前，小李想要收集相关信息，了解自己将要调研的客户。在本活动中，我们将学习如何去收集信息。

搜索引擎是我们生活中最常见的信息收集方式。搜索引擎是自动从互联网搜集信息，经过整理后，提供给用户进行查询的系统。它利用网络蜘蛛（spider）的自动搜索机器人程序连上每一个网页，再通过网页中的超链接连到其他的网页，采用这种顺藤摸瓜的办法对互联网上的绝大部分网页进行遍历，将网页内容进行复制和保存，并按照一定的规则进行编排，收集到特定的数据库中，并实时进行更新，当用户向搜索引擎发出查询请求时，搜索引擎根据查询内容从数据库中提取内容以网页链接形式返回搜索结果，我们单击链接就可以浏览相应网页。

（1）选用合适的搜索方式

我们日常信息需求大致可分为两种，一种是寻找参考资料，另一种是查询产品或服务。搜索引擎为我们提供了全文搜索和目录索引搜索两种搜索方式，全文搜索就是搜索引擎从网页中提取所有的文字信息，而目录索引方式只是搜索引擎将同类信息进行分类，以目录方式列出。对于寻找参考资料的需求来说，由于寻找目标非常具体，因此全文搜索引擎自然成了我们的选择，而且匹配搜索条件的范围较大，能满足哪怕是最不着边际的信息需求，是我们使用搜索引擎的最大优势。相反，如要找的是某种产品或服务，只需要目录索引就可以了，因为搜索引擎中的目录索引会对网站的业务范围进行精练概括，不会出现全文搜索引擎那些杂乱的信息，让人看来一目了然，我们可以有选择地打开相应网站进行浏览。

（2）确定关键词

众所周知，我们要在搜索引擎上搜索信息必须输入关键词。那如何确定关键词呢，首先确定要找的到底是资料性文档还是产品或服务，然后分析信息的共性，以及区别于其他同类信息的特性，从中提炼出最具代表性的关键词。

当我们把关键词确定后，就可以打开搜索引擎网站，如百度、GOOGLE、YAHOO等，在搜索框中输入关键词，点击搜索按钮，就可以看到搜索结果以网页链接的方式显示出来了，我们单击相应的链接，就可以打开与关键词相关的网页。只要关键词选择得当，多数时候不需要用到其他更复杂的搜索技巧，就能迅速地定位我们要搜索的内容。

例如，需要查找沪教版六年级语文课本中鲁迅的《从百草园到三味书屋》的有关信息，我们从字面上就可以提出"沪教版"，"六年级"，"语文"，"鲁迅"，"从百草园到三味书屋"等关键词，我们进一步分析，《从百草园到三味书屋》是名人名篇，在很多的文学资料中都会出现，不光是在沪教六年级语文课本中出现，因此"沪教版"，"六年级"，"语文"这三个关键词对我们的搜索限制较多，应去掉，而"鲁迅"、"从百草园到三味书屋"这两个关键是必备的，经过提炼后，形成关键词"鲁迅"，"从百草园到三味书屋"这两个关键词，通过对这两个关键词的搜索就能准确地搜索到我们需要的条目。（图3-1）

## 从百草园到三味书屋  360百科

《从百草园到三味书屋》是鲁迅于1926年写的一篇童年妙趣生活的回忆性散文,此文被收入《朝花夕拾》。全文描述了色调不同,情韵各异的两大景片:百草园和三味... 详情>>

内容简介 - 原文内容 - 内容讲解 - 全部

baike.so.com/doc/5343712-557... - 快照 - v 360搜索

其他百科:百度百科  搜狗百科  互动百科  维基百科

## 鲁迅《从百草园到三味书屋》赏析 语文港 新浪博客

发表时间:2011年5月15日 - 鲜美可口(鲁迅自语,见《朝花夕拾》小引)的感觉。而我最为欣赏的则是其中的《从百草园到三味书屋》。其中表现出的少年儿童对大自然的热爱,是迄...

blog.sina.com.cn/s/blog_5cfbd74101017... - 快照 - v 新浪博客

## 鲁迅《从百草园到三味书屋》原文阅读-无忧无虑中学语文网

作者:鲁迅加入日期:09-01-14 我家的后面有一个很大的园,相传叫作百草园。现在是早已... 第三间是书房。中间挂着一块扁道:三味书屋;扁下面是一幅画,画着一只很肥大的梅花鹿...

www.5156edu.com>课外读物>电子课文 - 快照

## 鲁迅:《从百草园到三味书屋》原文

我家的后面有一个很大的园,相传叫作百草园。现在是早已并屋子一起卖给朱文公的子孙... 三味书屋后面也有一个园,虽然小,但在那里也可以爬上花坛去折腊梅花,在地上或桂花树...

www.fanw8.com>...>作文>散文>经典散文 - 快照

图3-1  百度搜索

| 评 价 项 目 | 自 我 评 价 | | 教 师 评 价 | |
|---|---|---|---|---|
| | 小 结 | 评分（5分） | 小 结 | 评分（5分） |
| 1.能选择合适的关键词 | | | | |
| 2.能够使用关键词进行搜索 | | | | |
| 3.能从搜索结果中选择恰当的信息 | | | | |

## 活动二　利用公告栏收集信息

### 活动描述

　　小李是一名即将毕业的大四学生，她想在网上查找关于毕业报到证办理的相关信息，于是她打开应届生网，打算在这个应届生论坛上搜索信息。

### 活动实施

　　BBS 是 Internet 上的一种公告栏，它提供一块公共电子白板，每个用户都可以在上面书写，可以发布信息、留言、发表意见或回答问题，也可以查看其他人的留言，所以可以用于商业方面，如发布工商产品的求购信息等，另外还有一些网络服务机构在网站上开设了商务讨论区，如金桥信息网和中国黄页供求热线。

　　每个 BBS 都设有站内搜索，通过 BBS 收集信息首先需要登录 BBS 首页，确定好的关键词后，在搜索栏中输入关键词点击"搜索"就可以搜索到相关的信息了。

　　例如，小李是一名即将毕业的大四学生，她想在应届生论坛查找关于毕业报到证办理的相关信息，以下是她的搜索过程：

　　① 登录应届生论坛 BBS 首页；（图 3-2）

图3-2　应届生论坛

② 在 BBS 首页的搜索栏中输入"报到证",点击"搜索";（图 3-3）

图3-3　站内搜索

③ 在搜索结果中查看自己需要的信息。（图 3-4）

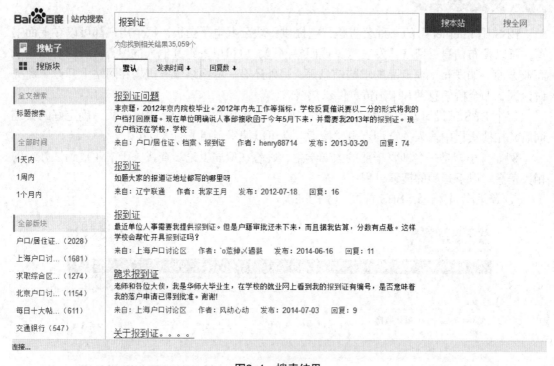

图3-4　搜索结果

| 评 价 项 目 | 自 我 评 价 | | 教 师 评 价 | |
|---|---|---|---|---|
| | 小 结 | 评分（5分） | 小 结 | 评分（5分） |
| 1. 能归纳出电商客服岗位的分类 | | | | |
| 2. 能说出电商客服岗位的职责 | | | | |
| 3. 能掌握电商客服岗位的技能要求 | | | | |

# 任务二　了解网络市场调研

## 活动一　了解网络市场调研

### 活动描述

　　在收集到自己想要的信息后，小李就要开始着手进行市场调研了。网络市场调研是一种获取信息的方式，通过调查、研究，我们可以获取想要的信息并帮助企业运营提供决策依据。在本任务中我们将了解网络市场调研的含义、内容、特点和步骤。

### 活动实施

**第一步，了解网络市场调研的含义**

　　网络市场调研是指利用互联网有目的、有计划地收集、整理和分析与企业市场营销有关的各种情报、信息和资料，为企业市场营销提供依据的信息管理活动。

　　市场调研是营销链条中非常重要的一个环节，调研策划方案、决策等都建立在前期的市场调研基础上。没有市场调研，就把握不了市场，从而不可能较准确地做出决策。网络市场调研就是基于互联网对网络营销决策相关的数据系统地进行计划、收集与分析，并把分析结果向管理者沟通的过程。这些相关的数据包括顾客需求、市场机会、竞争对手、行业潮流、分销渠道以及战略合作伙伴等方面。

**第二步，了解网络市场调研的内容**

　　网络市场调研的内容主要有以下三个部分：市场需求容量调研，可控因素调研，不可控因素调研。

**（1）市场需求容量调研**

　　调研市场需求容量调研主要包括：现有和潜在的需求容量；市场最大和最小需求容量；不同商品的需求特点和需求规模；不同市场空间的营销机会以及企业的和竞争对手的现有市场占有率等情况的调查分析。

**（2）可控因素调研**

　　可控因素调研主要包括对产品、价格、销售渠道和促销方式等因素的调研。

#### 可控因素调研

①产品调研。

　　包括有关产品性能、特征和顾客对产品的意见和要求的调研；了解产品所处寿命期阶段的产品寿命周期调研；产品的包装、品牌等给顾客的印象，以及了解这些形式是否与消费者或用户习俗相适应的调研。

②价格调研。

包括产品价格的需求弹性调研；竞争对手价格变化情况调研；新产品价格制定或老产品价格调整所产生的效果调研；选样实施价格优惠策略的时机和实施这一策略的效果调研。

③销售渠道调研。

它包括企业现有产品分销渠道状况；中间商在分销渠道中的作用及其实力；用户对中间商尤其是代理商、零售商的印象等项内容的调研。

④促销方式调研。

主要是对人员推销、广告宣传、公共关系等促销方式的实施效果进行分析、对比。

**（3）不可控因素调研**

不可控因素调研主要包括政治环境，经济发展状况，社会文化因素，技术发展状况与趋势，竞争对手等因素的调研。

## 不可控因素调研

①政治环境调研。

它包括对企业产品的主要用户所在国家或地区的政府现行政策、法令及政治形势的稳定程度等方面的调研。

②经济发展状况调研。

主要是调查企业所面对的市场在宏观经济发展中将产生何种变化。

③社会文化因素调研。

调查一些对市场需求变动产生影响的社会文化因素，如：文化程度、职业、宗教信仰及民风、社会道德与审美意识等方面的调研。

④技术发展状况与趋势调研。

主要是为了解与本企业生产有关的技术水平状况及发展趋势，同时还应把握社会相同产品生产企业的技术水平的提高情况。

⑤竞争对手调研。

主要调查竞争对手数量，竞争对手的市场占有率及变动趋势，竞争对手已经并将要采用的营销策略，潜在竞争对手情况等方面的调研。

**第三步，了解网络市场调研的特点**

网络市场调研的实施可以充分利用 Internet 作为信息沟通渠道的开放性、自由性、平等性、广泛性和直接性的特性，使得网络市场调研具有传统的一些市场调查手段和方法所不具备的一些独特的特点和优势。

**（1）网络调研信息的及时性和共享性**

由于网络的传播速度非常快，网络信息能够快速地传送到连接上网的任何网络用户，而且网上投票信息经过统计分析软件初步处理后，可以看到阶段性结果，而传统的市场调研得出结论需经过很长的一段时间。

由于企业网络站点的访问者一般都是对企业产品有一定的兴趣，对企业市场调研的内容作了认真的思考之后进行回复，而不像传统的调研方式下为了抽号中奖而被动地回答，所以网络市场调研的结果是比较客观和真实的，能够反映消费者的真实需求和市场发展的趋势。

（2）网络调研方式的便捷性和经济性

在网络上进行市场调研，无论是调查者或是被调查者，只需拥有一台能上网的计算机就可以进行网络沟通交流。

同时，网络调研非常经济，它可以大大节约传统调查中大量的人力、物力、财力和时间。

（3）网络调研过程的交互性和充分性

网络的最大优势是交互性。这种交互性也充分体现在网络市场调研中。网络市场调研某种程度上具有人员面访的优点，在网上调查时，被访问者可以及时就问卷相关的问题提出自己的看法和建议，可减少因问卷设计不合理而导致的调查结论出现偏差等问题。消费者一般只能针对现有产品提出建议甚至是不满，而对尚处于概念阶段的产品则难以涉足，而在网络调研中消费者则有机会对从产品设计到定价和服务等一系列问题发表意见。这种双向互动的信息沟通方式提高了消费者的参与性和积极性，更重要的是能使企业的营销决策有的放矢，从根本上提高消费者满意度。同时，网络调研又具有留置问卷或邮寄问卷的优点，被访问者有充分的时间进行思考，可以自由地在网上发表自己的看法。网络调研把这些优点集合于一身，形成了网络调研的交互性和充分性的特点。

（4）网络调研结果的可靠性和客观性

相比传统的市场调研，网络调研的结果比较可靠和客观，网络市场调研可以避免传统市场调研中人为因素干扰所导致的调查结论的偏差，因为被访问者是在完全独立思考的环境中接受调查的，能最大限度地保证调研结果的客观性。

（5）网络调研无时空和地域的限制性

传统的市场调研往往会受到区域与时间的限制，而网络市场调研可以24小时全天候进行，同时也不会受到区域的限制。

（6）调研信息的可检验性和可控制性

利用Internet进行网上调研收集信息，可以有效地对采集信息的质量实施系统进行检验和控制。首先网上市场调查问卷可以附加全面规范的指标解释，有利于消除被访者因对指标理解不清或调查员解释口径不一致而造成的调查偏差。其次，问卷的复核检验由计算机依据设定的检验条件和控制措施自动实施，可以有效地保证对调查问卷100%的复核检验，保证检验与控制的客观公正性。最后，通过对被调查者的身份验证技术可以有效地防止信息采集过程中的舞弊行为。

**第四步，了解网络市场调研的步骤**

网络市场调研与传统的市场调研一样，应遵循一定的方法与步骤，以保证调研过程的质量。网络市场调研一般包括以下几个步骤：（图3-5）

明确问题与确定目标　→　制定调查计划　→　收集信息　→　分析信息　→　提交报告

图3-5　网络调研步骤

### 1. 明确问题与确定调研目标

明确问题和确定调研目标对使用网上搜索的手段来说尤为重要。因特网是一个永无休止的信息流，当你开始搜索时，你可能无法精确地找到你所需要的重要数据。因此，在开始网上搜索时，头脑里要有一个清晰的目标并留心去寻找。一些可以设定的目标是：

① 谁有可能想在网上使用你的产品或服务？

② 谁是最有可能要买你提供的产品或服务的客户？

③ 在你这个行业，谁已经上网？他们在干什么？

④ 你的客户对你竞争者的印象如何？

⑤ 在公司日常的运作中，可能要受哪些法律、法规的约束？如何规避？

### 2. 制定调查计划

网上市场调研的第二个步骤是制定出最为有效的信息搜索计划。具体来说，要确定资料来源、调查方法、调查手段、抽样方案和联系方法。下面就相关的问题来说明：

**（1）资料来源**

确定收集的是二手资料还是一手资料（原始资料）。这将在本节的相关内容详细介绍。

**（2）调查方法**

网上市场调查可以使用专题讨论法、问卷调查法和实验法。

① 专题讨论法是借用新闻组、邮件列表讨论组和网上论坛（也可称 BBS，电子公告牌）的形式进行。

② 问卷调查法可以使用 E-mail（主动出击）分送和在网站上刊登（被动）等形式。

③ 实验法则是选择多个可比的主体组，分别赋予不同的实验方案，控制外部变量，并检查所观察到的差异是否具有统计上的显著性。这种方法与传统的市场调查所采用的原理是一致的，只是手段和内容有差别。

**（3）调查手段**

① 在线问卷，其特点是制作简单、分发迅速、回收方便。但要注意问卷的设计水平。

② 交互式电脑辅助电话访谈系统，是利用一种软件程序在电脑辅助电话访谈系统上设计问卷结构并在网上传输。Internet 服务器直接与数据库连接，对收集到的被访者答案直接进行储存。

③ 网络调研软件系统，是专门为网络调研设计的问卷链接及传输的软件系统。它包括整体问卷设计、网络服务器、数据库和数据传输程序。

**（4）抽样方案**

要确定抽样单位、样本规模和抽样程序。详细内容见本节的介绍。

**（5）联系方法**

采取网上交流的形式。如 E-mail 传输问卷，参加网上论坛等。

### 3. 收集信息

网络通信技术的突飞猛进使得资料收集方法迅速发展。Internet 没有时空和地域的限制，因此网上市场调研可以在全国甚至全球进行。同时，收集信息的方法也很简单，直接在网上递交或下载即可。这与传统市场调研的收集资料方式有很大的区别。

如某公司要了解各国对某一国际品牌的看法，只需在一些著名的全球性广告站点发布广告，把链接指向公司的调查表就行了，而无需像传统的市场调研那样，在各国找不同的代理分别实施。诸如此类的调查如果利用传统的方式是无法想象的。

在问卷回答中访问者经常会有意无意地漏掉一些信息，这可通过在页面中嵌入脚本或CGI 程序进行实时监控。如果访问者遗漏了问卷上的一些内容，其程序会拒绝递交调查表或者验证后重发给访问者要求补填。最终，访问者会收到证实问卷已完成的公告。在线问卷的缺点是无法保证问卷上所填信息的真实性。

4. 分析信息

收集信息后要做的是分析信息，这一步非常关键。"答案不在信息中，而在调查人员的头脑中"。调查人员如何从数据中提炼出与调查目标相关的信息，直接影响到最终的结果。要使用一些数据分析技术，如交叉列表分析技术、概括技术、综合指标分析和动态分析等。目前国际上较为通用的分析软件有 SPSS、SAS 等。网上信息的一大特征是即时呈现，而且很多竞争者还可能从一些知名的商业网站上看到同样的信息，因此分析信息能力相当重要，它能使你在动态的变化中捕捉到商机。

5. 提交报告

调研报告的撰写是整个调研活动的最后一个阶段。报告不是数据和资料的简单堆砌，调研人员不能把大量的数字和复杂的统计技术扔到管理人员面前，否则就失去了调研的价值。正确的做法是把与市场营销关键决策有关的主要调查结果报告写出来，并以调查报告所应具备的正规结构进行写作。

作为对填表者的一种激励或犒赏，网上调查应尽可能地把调查报告的全部结果反馈给填表者或广大读者。如果限定为填表者，只需分配给填表者一个进入密码。对一些"举手之劳"式的简单调查，可以实施互动的形式公布统计的结果，效果更佳。

 活动评价

| 评 价 项 目 | 自 我 评 价 | | 教 师 评 价 | |
|---|---|---|---|---|
| | 小 结 | 评分（5分） | 小 结 | 评分（5分） |
| 1. 能了解网络市场调研的特点 | | | | |
| 2. 能了解网络市场调研的内容 | | | | |
| 3. 能了解网络市场调研的流程 | | | | |

## 活动二　学习调查问卷的设计

 活动描述

　　小李在全面认识了网络市场调研后，开始了调研实施的第一步：设计调查问卷。问卷的设计是调研活动成败的关键，如果前期准备很充分，但是问卷设计没做好，那么就会功亏一篑。所以小李开始学习如何制作一份优秀的调查问卷。

调查问卷又称调查表或询问表，是以问题的形式系统地记载调查内容的一种形式。问卷可以是表格式、卡片式或簿记式。设计问卷，是询问调查的关键。完美的问卷必须具备两个功能，即能将问题传达给被问的人和使被问者乐于回答。要完成这两个功能，问卷设计时应当遵循一定的原则和程序，运用一定的技巧。

### 1. 调查问卷设计原则

**（1）合理性**

合理性是指问卷问题的设计必须与调查主题紧密相关。如果问题的设计和调研的主体不相关，那么再好的回答和统计也只是无用功。所以，在问卷的设计之初，就需要设计者找出与调查主题相关的要素，并设计每个要素的问题。

**案例一：**

某化妆品的用户消费感受调查问题设计。

从用户、购买、产品三个方面出发，可以列出以下要素：

● 使用者（可认定为购买者）

使用者的基本情况（自然状况：如性别、年龄、皮肤性质等）；使用化妆品的情况（是否使用过该化妆品、周期、使用化妆品的日常习惯等）；

● 购买力和购买欲

购买力是指目标人群的社会状况，如职业、受教育程度、收入水平等；化妆品消费特点，如价位、包装、品牌、产品外观等；

购买欲是指使用该化妆品的效果，如价格、使用效果、心理满足等。

● 产品本身

产品本身要素包括对包装与商标的评价、与市场上同类产品的横向比较、广告等促销手段的影响力等。

**（2）一般性**

一般性是指问题的设置要具有普遍意义，避免一些常识性的错误。一般性是问卷设计的一个基本要求，常识性的错误会误导被调研者的回答，从而给调研结果带来不利的影响。

**案例二：** 居民广告接受度调查

问题：你一般选择哪种广告媒体？

答案1：A. 广播　B. 电视　C. 杂志　D. 报纸　E. 其他

答案2：A. 巴士广告　B. 手机广告　C. 电视广告　D. 墙幕广告　E. 气球　F. 大巴士　G. 广告衫　H. ……

答案2比答案1的设计更科学，这个案例说明，答案的设计有时需要细化，而不是只给出一个大的类型或范围，那可能就犯了一个特殊性的错误，使调研结果的意义不大。

**案例三：** 居民信用卡使用调查

在一般性的问卷技巧中，需要注意的是不能犯问题内容上的错误。

问题：你拥有哪一种信用卡？

答案：A. 长城卡　B. 牡丹卡　C. 龙卡　D. 维萨卡　E. 金穗卡

其中"D"的设置是错误的，金穗卡不是信用卡，这属于内容错误，应该避免。

**（3）逻辑性**

调查问卷的问题设计需要具有逻辑性，使所有问题看起来是一个整体，而不是互不相关，从而使所有问题组成一个相对完善的小系统。如：

**案例四：居民读报调查**

1. 你通常每日读几份报纸？

A. 不读报 B. 1 份 C. 2 份 D. 3 份以上

2. 你通常用多长时间读报？

A. 10 分钟以内 B. 半小时左右 C. 1 小时 D. 1 小时以上

3. 你经常读的是下面哪类（或几类）报纸？

A. 文娱资讯报 B. 时政新闻报 C. 综合类报 D. 养生健康报 E. 社会百态报 F. 体育赛事报

**案例五：居民读报调查**

1. 你不喜欢读报吗？

A. 是的 B. 不是

2. 你的职业是？

A. 教师 B. 学生 C. 个体 D. 公务员 E. 其他

3. 你经常读的是下面哪类（或几类）报纸？

A. 文娱资讯报 B. 时政新闻报 C. 综合类报 D. 养生健康报 E. 社会百态报 F. 体育赛事报

案例一中 3 个问题设置紧密相关，回答问题的人也会感觉到有逻辑顺序，回答起来也比较流畅。案例二中 3 个问题的设计逻辑感不高，第 1 个问题的设计是否定问法，带有很强的意识痕迹，会让调查对象感觉不容易回答，感觉问卷很随意不严谨，对企业的印象分也会降低。

**（4）明确性**

问题和答案的设计必须清晰明确、便于回答，避免出现范围或含义的重复和混淆。

**案例六：居民读报调查**

问题：你通常用多长时间读报？

答案 1：A. 10 分钟以内 B. 半小时左右 C. 1 小时 D. 1 小时以上

答案 2：A. 10 分钟以内 B. 30 分钟以内 C. 1 小时以内 D. 1 小时以上

答案 1 中各选项时间的设计十分明确，了解被调研者读报大致时间。反之，答案 2 中"1小时以内"则包括了 10 分钟以下和 30 分钟以下，出现了范围上的重叠，则不仅不明确、难以说明问题，而且令被访问者也很难作答。

**案例七：居民婚姻情况调查**

问题：您的婚姻状况：

答案 1：A. 已婚 B. 未婚

答案 2：A. 已婚 B. 未婚 C. 离婚 / 丧偶 / 分居

显而易见，根据我们的社会经验来说，婚姻状况还存在第三种情况，离婚、丧偶或分居。答案 2 的设计则更全面，避免了答题者的选择困难和有效信息的流失。所以，答案 1 违背了明确性原则。

**（5）非诱导性**

非诱导性指的是问题和答案的设计要科学、客观，不具有主观臆断，使答题者能够独自、客观地回答问题。这就要求问卷设计者不能加入一些诱导性的词语和答案。

**案例八：**某化妆品消费者满意度调查

问题：你认为这款香水对你的吸引力在哪里？

答案1：A. 外包装　B. 气味　C. 使用效果　D. 价格

答案2：A. 精美的外包装　B. 芳香的气味　C. 良好的使用效果　D. 性价比高

答案2的选项设置充满了诱导性和提示性的词语，从而影响答题者的客观判断，使调查结果缺乏科学性。

**（6）便于整理、分析**

一份成功的调查问卷除了处理上面说到的五点外，还需要方便信息、数据的收集和整理，使调查结果便于量化，可以通过一定的程序进行复检。

为了调查结构能够便于整理、分析，调查问卷必须满足以下3点要求：

一是要求调查指标是能够累加和便于累加的；

二是指标的累计与相对数的计算是有意义的；

三是能够通过数据清楚明了地说明所要调查的问题。

只有这样，调查工作才能收到预期的效果。

**2. 调查问卷的内容设计**

调查问卷的内容包括：标题、前言、指导语、个人基本资料、问题与选择答案、编码、结束语等几个方面。

**（1）标题**

标题是调查内容高度的概括，它既要与调查研究内容一致，又要注意对被调查者的影响。例如：居民广告接受度调查，消费者购买能力调查，某产品的消费者使用调查等。

**（2）前言**

前言位于问卷最开头，有人称之为封面信。前言一般包括以下的内容：

① 调查的内容、目的与意义；

② 关于匿名、信息保密的保证，消除被调查者的回答问题的顾虑；

③ 对被调查者回答问题的要求；

④ 调查者的个人身份或组织名称；

⑤ 如是邮寄的问卷，写明最迟寄回问卷的时间；

⑥ 对被调查者的合作与支持表示感谢。

**案例九：**

### 关于游乐园发展前景的调查问卷

尊敬的先生／女士：

您好！我是奇×××乐园的市场调查员。为了更好地服务消费者，改善游乐场的设施和管理，特别展开这次调查。您所提供的所有信息我们将会严格保密，非常感谢您的支持和厚爱！

**案例十：**

**大学生网络消费行为调查问卷**

亲爱的同学：

您好！我正在进行"大学生网络消费行为"的课题研究，需要了解您的网络消费行为。本问卷不会涉及您的个人信息，您所有的回答我们会严格保密。您的回答对我们的课题研究非常重要，非常感谢您的无私帮助！

**（3）指导语**

指导语用来对需要告知答题者的一些关于答题过程中的注意事项进行说明，指导、帮助答题者完成调查，使人一看就明白如何填写。有时候，如果设计的问卷题型比较单一，指导语会和前言放在一起。如果题型较多，问题更难，就可以把指导语单独放，或者放在题目旁。

常见的指导语有以下几种类型：

① 选出答案做记号的说明。

需要告知答题者在特定的符号内作答或者标记的。

例如：

请在你所选答案前的（    ）内打上√：

您孩子的主要照看人是：（1）母亲　（2）父亲　（3）祖父母或外祖父母　（4）其他人

请在你所选答案前的□内打上√：

你就读的学校：□小学　　　□初中　　　□高中

② 选择答案数目的说明。

如果是单选题，则需要在填写须知中写清楚单选，多选则写清楚多选。如果一份问卷中，题型较多，则对每一题进行说明，如"选择至少3项"、"有几项选几项"、"可以多选"等。

例如：

你的职业意向是（可多选）：

a. 教师、助教

b. 销售、采购

c. 文案、编辑

d. 设计

e. 政府公职人员

f. 技术

g. 其他 _____

③ 填写答案要求的说明。

如果在给出的选项中答题者都没有符合的答案，则可以选择"其他"一项作为答案，并告知答题者选择"其他"需要把具体信息写在空格或横线上。

例如：

填写须知：

1. 如果遇文字提示"可以多选"，则可选择多于一个的选项，只要你认为合适的都要选上。

2. 如果您选择"其他"这一选项，请务必在 _____ 上或空格内写明相关内容。

**（4）个人基本资料**

个人基本资料包括性别、年龄、职业、收入等信息，一般的被调研者都会对这些信息存有戒备心理，担心自己的信息外泄，因此可以在前言或指导语中告诉被调研者信息保密、匿名填写，同时告诉被调查者回答问题对研究的意义。

例如：

1. 您的性别：① 男　② 女

2. 您的教龄 _____ 年

3. 您的学历（含在读）：① 高中或中专　② 大专　③ 本科　④ 硕士　⑤ 博士

4. 您的职务（可多选）① 校长　　　② 教导主任　　　③ 教研组长
　　　　　　　　　　 ④ 教师　　　⑤ 其他 _____

5. 您所教的年级：① 初一　　② 初二　　③ 初三

本问卷匿名填写，我们将对您的所有答案和信息保密，您的回答对我们了解教师的职业现状、完善教师管理有重要意义。

**（5）问题与选择答案**

问题和答案的设计是调查问卷的核心内容，问题和答案的科学性直接影响企业的调研结果的准确性。

**提出问题应注意的方面：**

① 选择正确的回答类型。

无论是事实问题还是态度问题，都应该考虑问题的回答类型是否正确并合适。回答的类型可以分为开放式或封闭式的回答（后面有专门介绍）。调查的目的和性质决定采用哪种类型的问题和回答方式。

② 问题切合目的和假设。

问题的设计应该从研究目的出发，符合调查的要求，不能偏离目的。

③ 表达陈述清晰无误。

要考虑问题陈述是否能让被调查者清楚，如有含混不清的地方应及时纠正。问题的含混不清容易引起误解，造成问卷结果的偏差。应设法避免语意不清的措辞。

④ 避免问题涉及社会禁忌。

问题设计时避免设计一些与社会规范相违背的问题，例如社会的政治、文化、道德等，虽然被调查者有自己不同的观点，但他们往往还是按照社会共同的价值观来回答，不会真实表达自己的观点，这样就无法获得真实的信息。而且避免设计一些与社会价值观相违背的题目，这也会让很多人反感，进而对整个调查产生负面的看法。

⑤ 问题符合被调查者的水平。

对不同的被调查者，企业应该考虑到被调查者的具体水平情况，例如对小学生进行调查，那么调查的问题和语言描述都要符合小学生的认知水平，问题不能太难、太抽象，语言文字不能太复杂。

**提出问题应把握的原则：**

① 主题明确。

a. 为了实现研究目的和提高研究效果，问卷的各类题目要与研究的目的，假设直接相关，与调查主题无关的题目应该删去，可有可无的题目尽量不要列入问卷。

b. 问题设计避免诱导性。在问题中不能使用一些诱导性的语言，也不能隐含自己主观的假设和期望，这样会诱使被调查者偏离自己的选择。

c. 问题设计避免给被调查者造成压力。不能让被调查者感觉遭受到来自社会、心理的压力，让他不能真实地表达自己的想法。

d. 问题设计要尊重被调查者，避免使用消极、否定的词语。

② 通俗易懂。

a. 题目要清楚，简单易懂。避免过多使用专业名词和术语。

b. 一个题目中只能包含一个问题，短一些的题目总比长一些的要好，简单一些的题目总比复杂一些的要好，宁可用两个或更多的短一些的题目，也不要用一个详细复杂的题目。

c. 问题数量设计适量，不超过 70 个；多选题选项不能过多，因为这会导致问卷回答时间太长，增加被调查者答卷的压力。答卷时间一般不要超过 30 分钟。

d. 问卷中题目的安排应有一定的逻辑顺序，应符合被调查者的思维习惯。一般先易后难，先简后繁，先具体后抽象，相同主题的问题放在一起，相同形式的问题放在一起。

③ 便于处理。

调查人员在调查完之后，需要把调查结果进行整理、统计和分析，所以在设计调查问卷时就要考虑到调查结果的方便处理，问卷问题设计要易于编码、录入、汇总和数据处理。

**问题的排序应遵循的方法：**

问题设计完毕以后，还需要对问题的排放进行排序，排序的时候需要按照一定的分类和逻辑顺序进行，方便回答者进行作答，而不至于造成思维阻隔或者思维跳跃。

在对问题进行排序时，一般遵循以下几点方法：

① 熟悉的问题在前。

熟悉的问题在前，可以让被调查者快速进行调查环节，如果是生疏的问题在前面，很容易让被调查者产生排斥心理，或者对后面的问题畏惧。由浅入深，由易入难，这样的循序渐进才能更好地调动被调查者的积极性。

② 简单的问题在前。

简单的问题放在前面，这样会给被调查者以信心，减少他对答题的畏惧感。一份调查问卷中，不同的题目难易度也不同，把简单的问题放在前面，难的放在后面，这样容易让被调查者按照调查者的思路来答题。

③ 感兴趣的问题在前。

把能吸引被调查者的问题放在前面，这样会吸引被调查者积极地回答后面的题目。如果一开始就是一些枯燥乏味的问题，那么被调查者就会失去回答问题的兴趣，进而影响问卷的调查结果。

④ 态度问题在前。

态度问题是被调查者对企业调研内容的一些看法、观点等。在了解被调查者的态度后，根据态度设计不同的题目进行回答。例如，你喜欢我们的 ** 产品吗？喜欢（请跳至第 3 题回答）、不喜欢（请跳至第 15 题回答）。

⑤ 开放式答案在最后。

开放式的问题应该放在问卷的最后，因为开放性式的问题一般需要被调查者自己进行思考并写出答案。如果开放式的问题放在前面会让被调查者一开始就觉得比较难，从而对后面的问题产生畏惧或者不耐烦。开放式的问题数量设置也不应过多，一般不超过 3 题，题目过多也会引起被调查者的反感。

**答案的设计应遵循的原则：**

① 与问题匹配。

答案的设计要和问题相关，不能答非所问，张冠李戴。

例如，下列水果中你最喜欢吃什么水果？

A. 葡萄　　　B. 白菜　　　C. 面包　　　D. 草莓

E. 苹果　　　F. 香蕉　　　G. 西瓜

选项 B、C 的设置和问题不匹配。这样的答案设计会让被调查者无所适从。

② 语言简单易懂。

答案的设计应该简单易懂，因为你不确定你的被调查者是什么文化程度和理解水平，简单、明确的语言文字能被各种不同理解水平的人所阅读。

③ 答案无交叉。

答案各个选项之间不能出现重复和交叉，这样会引起被调查者思维混乱，也不能得出有效的调查结果。常见的答案交叉是数量和类别范围上的交叉。

**案例十一：**

问题：您的年龄是：

答案1：A. 30 岁以下　　B. 40 岁以下　　C. 50 岁以下　　D. 60 岁以下

答案2：A. 30 岁以下　　B. 31 岁至 45 岁　　C. 46 岁至 50 岁　　D. 51 岁以上

答案 2 的设计较为规范，答案 1 中的答案设计年龄数值范围有重叠。

④ 答案无遗漏。

选择题给出的答案选项要包括所有可能。

**案例十二：**

问题：你喜欢看武侠小说吗？

答案1：A. 喜欢　　B. 不喜欢

答案2：A. 喜欢　　B. 不喜欢　　C. 不清楚

有一些相对复杂的问题其答案范围非常广，这就不便列出所有的可能，此时，调查者可以在问题选项最后再加上一个选择"其他"，并附以横线，这样就可以得到更精确的结果。

**案例十三：**

你选择师范学校的理由是 ＿＿＿＿

A. 自己喜欢　　B. 父母决定　　C. 别人说好　　D. 考分限制

E. 其他 ＿＿＿＿

**答案的类型：**

调查问卷的答案类型有三种：开放式、半封闭式和封闭式。

① 开放式答案。

开放式答案是指让被调查者自己写出答案，而不是选择答案。这种开放式的答案一般只需要调查者设计出题目，被调查者自己作答即可。例如："你对学校的教学工作有什么建议？"，"你认为开设阅读课对你有什么影响？"等问题。开放式问题一般放在最后，方便被调查者作答。

开放式答案常用于描述性的问题，被调查者自己写出自己的想法，可以更真实地反映被调查者的观点，也能帮助调查者得到更准确的结果。但是开放式答案整理、统计比较难，也很难数据化，所以开放问题数量不能太多。

②半封闭式答案。

半封闭式答案是指在给被调查者提供了给定的选项后，又给出"其他"这个选项，以防给定的选项中没有符合被调查者的选项，给出"其他"这个选项方便被调查者表达出自己真实的想法。"其他"属于开放式的，已经给出的选项是封闭式的，两者的组合就是半封闭式，所以叫做半封闭式。

③封闭式答案。

封闭式答案是指调查者事先给出了几个固定的选项，被调查者只能选择给出的选项，不能写出自己的其他想法。

如：调查家长对孩子的期望：

问题：您希望一周开设几节活动课（只能选择1项）_____

答案：A.1节   B.2节   C.3节   D.4节   E.5节

a. 选择式

选择式是从列举的多种答案中挑选最适合个人实际情况的答案，有的可要求选择多于1个答案。要求选择多于1个答案需在题后注明。

**选择式举例：**

问题：你喜欢看哪类电视节目？（最多可选择三项答案）

答案：A.新闻   B.娱乐   C.体育   D.音乐   E.电视剧、电影   F.财经   G.其他

b. 是非式

是非式答案只有两个，一般为反义词，例如"是"和"否"、"喜欢"和"不喜欢"，只能从中选择一个。

**是非式举例：**

你是否喜欢上网？

A.喜欢   B.不喜欢

c. 等级式

等级式是对两个以上分成等级的答案的选择方式。等级式回答方式，只能从中选择一个答案。它多用以测定人们的态度和情感。所供选择的答案具有等级关系，其等级有两等、三等、五等、七等。两等的答案是赞成和不赞成；三等式则是赞成、无所谓、反对；五等式则可以是：非常赞成、赞成、无所谓、不太赞成、坚决反对。

**等级式举例：**

你对目前电视中的新闻节目满意程度如何？

A.很满意   B.比较满意   C.一般   D.不大满意   E.不满意

d. 排序式

排序式是指按照一定顺序对答案进行排列。顺序可以是态度、喜欢程度等，根据给出的题目，被调查者自行排序。例如"以下10项课程中，请按照你的喜欢程度由高到低进行排列"。

**排序式举例：**

下列几个选项中，请按照您的喜欢程度进行顺序排列，排列顺序由1到8，1表示喜欢程度最高，8表示喜欢程度最低：

（　　　）老师在学校广播中作报告给家长听

（　　　）专家面对面的咨询

（　　　）有经验的家长作讲座

（　　　）家长与家长之间的座谈会

（　　　）来学校参加半日活动

（　　　）与孩子一起活动

（　　　）学校举办专题讲座

（　　　）老师与家长联谊会

e. 表格式

有些问题是需要分别作答的，但是作答范围有重合，那么就可以通过表格的形式表现出来，被调查者只需在表格中作答就可以了。

**表格式举例：**

你认为初中体育课应占每学年总课时的比例多大为好？（请在相应空格内打"√"）

| | 1/10 | 1/8 | 1/6 | 1/4 |
|---|---|---|---|---|
| 初一 | | | | |
| 初二 | | | | |
| 初三 | | | | |

f. 矩阵式

一般矩阵式填答，主项为横栏，在左边；次项为纵栏，在右边。

**矩阵式举例：**

请在您选择答案（　　　）中打√

| | 读书 | 读报刊 | 上网 | 听广播 |
|---|---|---|---|---|
| 您在家学习主要是 | （　　） | （　　） | （　　） | （　　） |
| 您父亲在家学习主要是 | （　　） | （　　） | （　　） | （　　） |
| 您母亲在家学习主要是 | （　　） | （　　） | （　　） | （　　） |

g. 后续式

后续式是为选择某个特定选项提供一种备选答案的问卷设计。

**后续式举例：**

您的家中是否有电脑

A. 是（请跳到第 3 题）　　　　　B. 否（请跳到第 7 题）

**（6）编码**

调查人员需要对调查结果进行整理、统计，为了便于后期的统计，可以在问卷设计时为每一个题目设计编码，编码可以方便计算机汇总、数据分析。如果样本数量较小，可不设编码，只需进行手工统计即可。

例如：

请在适当的选项上打√。编码栏中的"□"处请勿填写。

1. 性别　　　①男　　　　　　　　②女　　　　　　　　　　　　　1　　□

| 2. 年龄 | ① 31 岁—35 岁 | ② 36 岁—40 岁 | ③ 41 岁—45 岁 | 2 □ |
| | ④ 46—50 岁 | ⑤ 51 岁以上 | | |
| 3. 职业 | ① 科技人员 | ② 企事业单位行政 / 管理人员 | | 3 □ |
| | ③ 职员 / 商务人员 | ④ 私人企业业主 | ⑤ 工人 | |
| | ⑥ 家庭主妇（夫） | ⑦ 教师 | ⑧ 军人 | |
| | ⑨ 农民 | ⑩ 医务人员 | ⑪ 失业人员 | |
| | ⑫ 自由职业者 | ⑬ 其他 | | |
| 4. 文化程度 | ① 小学及以下 | ② 初中、技校 | | 4 □ |
| | ③ 高中、中专 | ④ 大专 | ⑤ 大学及以上 | |

## （7）结束语

结束语一般采用以下的表达方式：

① 再次感谢，提醒检查。

结束语中一般是再次对被调查者的感谢，显示调查者的礼貌，减轻被调查者的不耐烦和急躁。在表示感谢的同时，还可以适当提醒被调查者检查问卷题目是否有漏答和错答的。

例如：

本次调查到此结束，请您检查一遍是否有漏答或错答的题目。最后，再次感谢您对我们研究工作的支持！

② 开放性问题。让被调查者自己写出自己的观点。

例如：

在对"教师职业发展情况调查"问卷的最后，放一个开放式问题：你认为教师职业未来的发展趋势怎么样？请写出您的看法。

## 3. 调查问卷范例

### 大学生网上购物调查问卷表

您好！非常感谢您参与我们的问卷调查，此次问卷匿名填写，我们会对您的回答保密，也不会用做任何商业用途，请根据您的实际情况填写。谢谢您的合作！

（本问卷所有题目都是单选，请您在最符合的答案后面"□"内打"√"）

1. 网上购物，您最信赖哪个网站：

□ 淘宝网　　　□ 易趣网　　　□ 拍拍网　　　□ 当当网　　　□ 其他

2. 您在网购中扮演的角色是：

□ 买方　　　　□ 卖方　　　□ 两者都有

3. 您平均每月网购交易金额（元）：

□ 100 元以下（含 100）

□ 100—300（含 300）

□ 300—500（含 500）

□ 500 以上

4. 您在网上购买最多的是哪一类商品：

□ 生活用品　　　　　　　□ 服饰、鞋帽、包

□ 数码产品、点卡、话费、QQ 业务等虚拟物品

☐ 食品　　　　☐ 书籍　　　　☐ 鲜花礼品　　　　☐ 其他

5. 导致您网上购物的最主要原因：
☐ 抽不出时间去逛商场
☐ 跟上时代的步伐
☐ 价格低廉
☐ 其他

6. 您目前常用采购的交易方式是：
☐ 支付宝、财付通等方式支付　　　　☐ 先付定金，货到与卖家结余款
☐ 货到付款给送货的快递公司　　　　☐ 当面交易，一手交钱一手交货
☐ 先汇款，后让卖家发货　　　　☐ 其他方式

7. 如果您在网上购买的货物出现了问题，您会怎么处理呢？
☐ 退货　　　　☐ 联系买家要求更换　　　　☐ 算了

8. 购买到的商品，你最常用的物流公司是：
☐ 中国邮政（包括平邮、ems、e 邮宝）
☐ 申通快递　　　☐ 圆通快递　　　☐ 天天快递　　　☐ 同城快递
☐ 韵达快递　　　☐ 德邦物流　　　☐ 其他

9. 你认为网上购物的最大优点是什么：
☐ 快捷方便　　　☐ 价格便宜　　　☐ 搜索简单　　　☐ 其他

10. 您认为网购最大的不足是：
☐ 递送速度慢　　　☐ 质量无保障　　　☐ 退换不方便
☐ 交易有风险　　　☐ 其他

11. 您最喜欢网上购物的哪些活动：
☐ 打折促销　　　☐ 免费送货　　　☐ 购物返券　　　☐ 附送礼品
☐ 积分兑奖　　　☐ 其他

12. 个人信息情况：
您的性别：☐ 男　　　　☐ 女
您的年级：☐ 大一　　　☐ 大二　　　☐ 大三　　　☐ 大四
问卷到此结束，感谢您对我们工作的支持！祝您心情愉快！

## 活动评价

| 评 价 项 目 | 自 我 评 价 | | 教 师 评 价 | |
|---|---|---|---|---|
| | 小 结 | 评分（5分） | 小 结 | 评分（5分） |
| 1. 能说出调查问卷的组成 | | | | |
| 2. 能设计恰当的问题 | | | | |
| 3. 能设计恰当的答案 | | | | |

# 练 习 题

## 一、单选题

1. 下列哪项是网络信息的收集方式？ （ ）
   A. 查字典      B. 通过百度搜索
   C. 问同学      D. 问老师

2. 下列哪项不属于网络市场调研的内容？ （ ）
   A. 市场需求调研      B. 可控因素调研
   C. 不可控因素调研      D. 设计调查问卷

3. 下列哪一项不属于可控因素？ （ ）
   A. 产品      B. 价格
   C. 渠道      D. 政治

4. 下列哪一项属于不可控因素？ （ ）
   A. 技术发展趋势      B. 产品价格制定
   C. 产品外形设计      D. 销售渠道

5. 下列哪一项不是网络市场调研的特点？ （ ）
   A. 及时性      B. 经济性
   C. 便捷性      D. 虚拟性

6. 下列哪一项是网络市场调研的特点？ （ ）
   A. 客观性      B. 主观性
   C. 合理性      D. 自然性

7. 下列哪一项不是调查问卷的设计规则？ （ ）
   A. 逻辑性      B. 一般性
   C. 合理性      D. 及时性

8. 下列哪一项不是调查问卷的内容？ （ ）
   A. 标题      B. 选择题
   C. 主观题      D. 标签

## 二、多选题

1. 下列哪几项是网络信息的收集方式？ （ ）
   A. 使用搜索引擎搜索      B. 通过站内搜索引擎搜索
   C. 利用公告栏收集      D. 小组讨论

2. 下列哪几项属于网络市场调研的内容？ （ ）
   A. 市场需求调研      B. 可控因素调研
   C. 不可控因素调研      D. 问卷调研

3. 下列哪几项属于可控因素？ （ ）
   A. 价格      B. 产品
   C. 渠道      D. 社会

4. 下列哪几项属于不可控因素? （　　）
　　A. 政治背景　　　　　　　　　　B. 社会环境
　　C. 技术发展　　　　　　　　　　D. 竞争对手

5. 下列哪几项是市场调研的步骤? （　　）
　　A. 明确调查目标与调研目的　　　B. 制定调研计划
　　C. 收集信息　　　　　　　　　　D. 提交调研报告

6. 下列哪几项是网络市场调研的特点? （　　）
　　A. 调研方式经济　　　　　　　　B. 调研方式便捷
　　C. 调研结果可靠　　　　　　　　D. 调研结果客观

7. 下列哪几项是调查问卷的设计原则? （　　）
　　A. 非诱导性　　　　　　　　　　B. 一般性
　　C. 明确性　　　　　　　　　　　D. 逻辑性

8. 下列哪几项是调查问卷的内容? （　　）
　　A. 标题　　　　　　　　　　　　B. 前言
　　C. 结束语　　　　　　　　　　　D. 问题

三、判断题

1. 网络市场调研必须依靠互联网。 （　　）
2. 网络市场调研结果可能存在错误。 （　　）
3. 逻辑性是网络市场调研的特点。 （　　）
4. 便捷性是网络市场调研的特点。 （　　）
5. 收集信息是网络市场调研的最后一个步骤。 （　　）
6. 调查问卷设计可以不要标题。 （　　）
7. 非诱导性是调查问卷设计的一个原则。 （　　）
8. 及时性是调查问卷设计的一个原则。 （　　）

四、案例思考

因为互联网，因为云计算，因为大数据，这个世界上每个人都有机会，且机遇无处不在。——马云

在这个信息"大爆炸"时代，在这个大数据、云计算时代，人们每时每刻都离不开互联网，可以说，在这个互联网与人类生活息息相关的时代，互联网正悄悄改变着这个世界。

在互联网信息"大爆炸"的环境下，我们该如何辨别信息?

# 项目 四 常用推广工具

**项目简介**

在本项目中，我们将学习 6 种常见的推广工具：微博、微信、群组、短信、论坛、邮件。我们将学习这 6 种工具的使用。

**项目目标**

- ◎ 了解微博的推广方式；
- ◎ 了解微信的推广方式；
- ◎ 了解群组的推广方式；
- ◎ 了解短信的推广方式；
- ◎ 了解论坛、贴吧的推广方式；
- ◎ 了解邮件的推广方式。

## 任务一　了解微博推广

 **任务介绍**

刷微博对小李来说是每天的业余生活之一，微博现在已经成为时下年轻人日常生活的一部分了，人们对微博上的信息关注较高。因此，小李作为一个网络营销人员，必须抓住这个潮流，利用微博来做推广。

 **活动描述**

小李在上大学的时候是一个喜欢玩微博的人，她经常在微博上发布消息、转载信息、给好友点赞等。她现在是一名网店营销推广专员，微博也是她工作的主要内容，不过她现在是以企业的角度通过这些工具来对网店进行推广。在本活动中，我们将通过小李的微博推广过程来了解微博推广工具的使用。

 活动实施

**第一步，了解微博营销**

1. 微博简介

当前网络上使用最为广泛的微博是新浪微博和腾讯微博。微博起初只是个人与个人之间的信息分享和互动，随着微博用户的增多，企业也认识到微博发布信息的便捷性和与客户互动的便捷性，所以越来越多的企业也加入到了微博的用户大军中。

新浪微博是一个由新浪网推出，提供微型博客服务的一类社交网站。用户可以通过网页、WAP 页面、手机客户端、手机短信、彩信发布消息或上传图片。新浪微博可以理解为"微型博客"或者"一句话博客"。用户可以将看到的、听到的、想到的事情写成一句话，或发一张图片，通过电脑或者手机随时随地分享给朋友，一起分享、讨论；还可以关注朋友，即时看到朋友们发布的信息。2014 年 3 月 27 日，新浪微博正式更名为"微博"，拿掉"新浪"两个字之后的"微博"在架构上成为独立公司，与新浪网一起构成新浪公司的重要两级，微博于 2014 年 4 月 17 日在美国纳斯达克正式挂牌上市。

2. 微博的 7 个营销功能

**（1）新品发布**

企业在新产品上市之前可以在企业微博上发布新品预告，吸引微博好友点击查看，提高企业新品知名度，为企业新品上市进行预热。在企业新品上市时，企业微博可以同步发布新品的销售情况，企业的这种微博新品信息宣传，可以扩大产品的知名度、提高微博网友的关注度，为企业的新品的销售打下基础。

**（2）促销**

企业在做产品促销活动时，可以在企业微博上发布产品促销信息和商品链接，企业微博好友在查看微博信息时，就会看到企业发布的促销信息。在微博上发布促销信息，可以使更多的人知道企业的促销信息，扩大信息的覆盖人群，这样会吸引更多的潜在客户。

**（3）CRM**

CRM 即客户关系管理，企业开通微博除了可以进行产品营销外还可以进行客户关系管理。企业可以通过自己的微博账号，添加企业客户的微博为好友，通过评论和私信与客户进行交流和互动，这也是维护客户关系的一种方式。而且随着微博的发展，越来越多的企业都采用微博来进行客户关系管理。

**（4）时间营销**

不同时间点，微博用户的阅读偏好也不相同。企业要想使自己所发布的微博信息获得较高的阅读量，就需要了解微博客户阅读时间习惯和阅读内容习惯。

阅读时间习惯，是指客户一般都喜欢在什么时间查看微博信息。据统计，每天的22：00—24：00是用户微博浏览最活跃的时间，而这个时间一般都是晚上睡觉前，微博用户在这个时间都会打开微博浏览信息。知道活跃时间是几点是重要的，但是也要知道什么时间点什么样的内容会引起企业的微博好友注意。举例说，上午 8—9 点你发一些 140 字饱满的内容会容易被阅读，而晚上下班时间再发满满的文字估计就没人会看了。因为这个时候很多人劳累了一天就不想再去阅读过多的文字了。

**（5）精确营销**

企业微博营销的最终目标是销售产品或服务，所以微博营销的基础也就是粉丝。因此企业需要的是有可能成为企业目标客户的那些有效粉丝，要想有着较高的转化率，就要学会实现精准营销。

**企业可以通过以下三点来进行微博精确营销：**

**首先：要寻找目标用户。**

① 通过客户标签查找目标客户

微博用户一般都是根据自己的喜好和特点来贴上标签，这些标签代表粉丝的特点。企业根据自身产品的特点来查找这些标签的用户，再去关注这些用户。

② 通过微博话题查找目标客户

微博上的话题是通过 # 话题名称 # 来实现的，所以我们可以通过微博搜索直接找到参与某个话题讨论的人群。例如，运动产品销售企业就可以寻找 #NBA#，# 足球 # 这些话题，这些话题的参与用户都是企业的潜在客户。

③ 利用微吧寻找目标客户

微吧是一群具有共同的特点或共同的爱好微博用户聚集在一起的一个互动交流群。例如，卖茶叶的企业就可以搜索和饮茶有关的微吧，然后关注这些微吧，这些微吧里面的用户都是自己的潜在用户。

**其次：要让这些用户成为我们的粉丝。**

在找到企业的目标客户后，就需要让这些用户去关注自己，成为自己的粉丝，这时就可以点击"求关注"或者发送私信让这些目标客户也关注自己。（图 4-1）

图4-1　添加微博好友

**最后：做好微博内容，实现成功营销。**

在获得了大量的粉丝后，就该想办法去把这些粉丝变为自己的客户，向他们宣传自己的品牌。

企业在用微博发布营销信息的时候要注意技巧，将广告巧妙地加入到一些有价值的内容中去，这样不会引起粉丝的反感。还可以定期策划一些有奖活动来提高微博的人气，奖品要吸引粉丝，充分调动粉丝的积极性。在活动的过程中积极与粉丝之间互动，增加粉丝对企业的好感，提高粉丝的黏性。只要充分利用好手里的这些粉丝，转化率还是很高的，将营销的效果发挥到最大化。

**（6）口碑营销**

微博的主要功能之一就是分享即转载功能，微博用户可以分享其他人发布的微博，同一条微博，第一个人转载，假如这个人有 100 个好友，那么 100 个人都会看到该微博，第二个人转载，假如这个人有 300 个好友，那么这 300 个人都会看到该微博，所以微博的曝光度是随着转载的人数呈几何倍增长的。

企业使用微博作为口碑营销的工具，就需要使自己的微博内容具有吸引力，这样才可以促使用户分享。一般企业微博推广营销活动有两种形式：第一种是吸引新粉丝的活动，形式一般是有奖转发、砸金蛋、大转盘等；第二种是互动性非常强的活动，比如一些征集类型的活动。

**（7）危机公关**

微博历史接连发生的"中海油子公司溢油"、"7.23 动车"、"郭美美"等突发事件，在社会上造成了很大影响，造成如此影响的助推力量，是"微博"这个新媒体。那么在微博时代，如何做好危机公关？

首先，微博给企业公关带来了以下三点挑战：

- 危机的源头无处不在。微博彻底消除了信息门槛，人人都可以在网站上发布、分享信息，并积极地进行互动交流。这都给危机的发生和快速发展提供了机会。
- 负面信息的传播更快速。有注意力才有价值。伴随着人人都是媒体的时代的来临，好消息通常不能吸引注意力，而能够吸引注意力的往往是坏消息。
- "扩音器"作用明显。"微博或论坛曝光——网民关注——传统媒体报道——网络转载——网民议论放大——更多媒体关注——更多社会关注——事件升级，掀起高潮"，这种令人恐怖的裂变效应，往往使企业措手不及。

面对微博时代的公关危机，企业可以通过以下三点来解决公关危机。

- 抢占社会化媒体阵地，建立危机的防火墙。首先要建立危机公关体系，从危机的预防、处理到从危机中恢复，都应有体系、流程和制度为保证；
- 要做好舆情监测工作，确保在第一时间发现危机源头，了解危机动向，对热点进行识别，通过分类、聚类分析，判断其倾向和趋势；
- 主动、系统、全面地进行传播，积极承担社会责任；润物细无声，潜移默化地树立正面形象。

**第二步，进行微博营销操作**

### 1. 管理企业微博客户

上海商派网络科技有限公司在新浪上开通了自己的企业微博，开通企业微博后的第一步，就需要为自己的微博添加好友，有了好友，企业发布的信息才会被别人看到。

添加新微博好友，首先在微博首页的搜索栏搜索自己想要关注的微博用户名称。（图4-2）

图4-2　搜索微博好友

点击微博用户名就可以进入到该用户的微博页面，点击"关注"就可以添加该用户为自己的微博好友了。（图4-3）

M鹿M V ＋关注

♂ 北京 东城区 http://weibo.com/u/1537790411

演员 歌手 代表作 电影《重返二十岁》 歌曲《我们的明天》

关注 98　|　粉丝 3083万　|　微博 414

图4-3　添加好友

## 2. 发布信息

2017年6月，上海商派网络科技有限公司打算举办一期电子商务技术交流夏令营，企业的工作人员打算在企业微博上发布这条活动信息，工作人员首先需要登录企业微博，在企业微博首页的发布栏输入活动内容"最新一期的电子商务技术交流夏令营快要开始啦，想要参加的赶快报名哦"，写好活动内容后点击"发布"，这样一条企业信息就发布成功了，所以企业的微博粉丝都会看到这条信息。（图4-4）

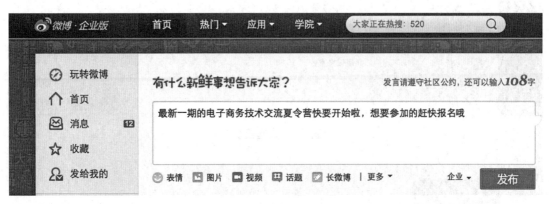

图4-4　企业微博

## 3. 发起活动

企业还可以通过微博进行客户的信息收集，企业通过发起一些微博活动，使企业的微博粉丝参与该活动，这样企业就可以收集到客户的反馈信息。

2017年8月，该企业的管理人员想要了解用户对企业产品的使用情况和满意度，打算在企业微博上发起一个产品调查投票活动。企业工作人员首先需要登录企业微博，在企业微博首页中，选择"投票"这个选项，在标题栏输入投票活动的标题"您更喜欢商派的哪一款产

品？"，在投票选项中输入 5 个公司产品的名称，在"单选 / 多选"项里选择单选，最后点击
"发起"（图 4-5），这样一个企业发起的投票活动就建立好了，所有的企业微博粉丝都会看
到该投票活动，用户可以在企业发布的这个活动上直接勾选自己喜欢的产品，这样一个关于
用户对企业产品的使用信息就收集好了。

图4-5　发起投票

## 活动评价

| 评 价 项 目 | 自 我 评 价 | | 教 师 评 价 | |
|---|---|---|---|---|
| | 小 结 | 评分（5分） | 小 结 | 评分（5分） |
| 1. 能说出微博的分类 | | | | |
| 2. 能了解微博的营销功能和使用 | | | | |
| 3. 能进行微博营销操作 | | | | |

# 任务二 了解微信推广

**任务介绍**

微信营销是网络经济时代企业或个人营销模式的一种，是伴随着微信的火热而兴起的一种网络营销方式。微信不存在距离的限制，用户注册微信后，可与周围同样注册的"朋友"形成一种联系，推广自己的产品，从而实现点对点的营销。

**活动描述**

小李每天都要打开手机微信，看看有没有人给自己发消息，有时候她也会看看订阅号和朋友圈，看看消息，她在看这些内容的时候发现微信有很多营销推广功能。在本活动中，我们将学习微信的营销功能和方式。

**活动实施**

**第一步，了解微信**

1. 微信简介

微信是腾讯公司于 2011 年 1 月 21 日推出的一个为智能终端提供即时通讯服务的免费应用程序，微信支持跨通信运营商、跨操作系统平台，通过网络快速发送免费语音短信、视频、图片和文字，同时也可以使用通过共享流媒体内容的资料和基于位置的社交插件"摇一摇"、"漂流瓶"、"朋友圈"、"公众平台"、"语音记事本"等服务插件。如果说微博侧重于信息的分享，那么微信就更侧重于互动，而且与微博相比，微信推出的服务功能更贴合手机用户的网络信息互动需求，也符合当下电子商务时代的新发展——移动电子商务。

企业使用微信作为营销推广渠道，可以进行以下三种：

- 信息分享推广。微信作为一个推广平台，首先就是企业的信息发布，企业可以在自己的微信上发布信息，吸引客户阅读或者分享企业信息。
- 即时的文字或语音互动。微信的主要功能是作为一个在线交流工具，企业可以在线文字回复或者使用语音与客户进行互动。
- 商品发布。微信还有一个功能"微店"，企业可以发布一些商品到自己的微店中，微信用户可以点击企业微店浏览企业的商品和服务信息，这种推广方式在当前的淘宝店铺推广中运用较多。

2. 微信的两种营销方式

**（1）朋友圈营销**

微信朋友圈是微信的功能之一，在微信朋友圈里，用户可以看到自己所有微信好友所发布和分享的信息,同时还可以在好友所发布和分享的信息下面进行评论。微信朋友圈是基于用户微信好友所建立的,形成了一个好友之间信息了解、互动的关系圈,所以称为"朋友圈"。

朋友圈营销,是指企业在自己的微信上发布销售信息,该条信息就会出现在企业所有好友的朋友圈中,好友在查看自己的微信好友圈时就会看到该条销售信息。(图4-6)

图4-6　微信朋友圈

### （2）微店营销

微信中的另一个重要功能就是商品销售,企业可以在自己的微信上开通微店,在微店中展示自己的一些商品,用户可以在微信上点击购买直接支付购买商品。(图4-7)

图4-7　企业微店

**第二步，微信营销实施操作**

小李是一家淘宝店铺的营销推广专员，她打算在微信上销售自己店铺的商品，把微信作为一个新的营销渠道，下面是她的营销步骤：

1. 添加微信好友

① 小李在开通微信后就需要添加自己的微信好友，点击微信设置面的"朋友们"选项，选择添加好友。（图4-8）

图4-8　添加微信好友

② 点击"添加好友"，就会进入到好友添加方式选择页面。（图4-9）

图4-9　添加微信好友

③ 添加好友页面，可以选择直接手动搜索号码添加好友，还可以通过扫描二维码添加好友，也可以直接从自己的 QQ 好友和手机通讯录里面导入好友。小李选择通过搜号码添加好友，小李输入好友微信号码后就看到了好友信息，点击"添加到通讯录"，这样一个好友就添加好了。（图 4-10）

图4-10　添加微信好友

小李又通过 QQ 通讯录和手机通讯录添加了 134 个好友到自己的微信中。

### 2. 发布软文

小李通过微信信息发布功能发布了一些产品的介绍及推荐文字和图片。在微信中如果只是发布产品销售信息，这样会使客户感到厌烦，所以小李在发信息时，会把产品介绍融入到一些故事和散文、心情文字中，这样不仅增加了客户信息阅读的趣味性，而且不会使客户对微信销售感到反感，客户在阅读这些软文时也会看到产品信息。（图 4-11）

图4-11　微信软文

### 3. 发布试用照片

不管是网店还是在微信上进行产品销售，客户对企业的信任度与企业的销量有很大的关系。客户越信任企业和企业的产品，就越可能购买，销售者发布试用照片或者试用感受说明，都会增加客户信任度。

小李在自己的微信上发布了一款化妆品的试用照片和试用感受，想通过这些试用来增加客户对自己产品的信任度，从而吸引客户进行购买。（图4-12）

图4-12　试用报告

### 4. 开通微店

2017年5月，小李在微信上开通了自己的微店，在微店上传了淘宝店铺的部分商品，微信客户可以在微店上直接点击相应商品并进行购买。（图4-13）

图4-13　微店

### 5. 举办微信活动

小李在微信上还会定期举办一些抽奖活动。首先，举办抽奖活动，可以使微信好友互相传播分享，吸引更多的微信客户添加自己为好友，这样可以扩大自己的微信营销覆盖面。其次，举办微信抽奖活动还可以提高现有微信客户的忠诚度，吸引这部分客户参加抽奖。最后，举办微信抽奖活动，还可以增加客户对自己的关注度，这样就会提高客户的商品购买可能性。（图4-14）

图4-14　微信活动

通过以上5个微信营销步骤，小李的微信营销活动就完成了。经过一个月的微信营销推广，小李的产品销量比以前增长了很多。在今后的营销中，小李还需要不断进行这5个步骤。添加更多的微信好友，每天更新微信发布信息，发布试用报告，定期举办一些微信活动，不断完善微店的商品，这就是微信营销推广的主要内容。

## 活动评价

| 评 价 项 目 | 自 我 评 价 | | 教 师 评 价 | |
|---|---|---|---|---|
| | 小　结 | 评分（5分） | 小　结 | 评分（5分） |
| 1. 能知道微信的基本功能 | | | | |
| 2. 能了解微信的营销功能 | | | | |
| 3. 能掌握微信营销的操作 | | | | |

# 任务三　了解群组推广

 **任务介绍**

QQ 是我们网络交流中的一个主要工具，在 QQ 使用中我们通常会加入各种各样的 QQ 群，QQ 群也是网络推广中的重要工具。在本任务中，我们将学习如何通过 QQ 群进行推广。

 **活动描述**

小李在 QQ 上加入很多群，通过这些 QQ 群，小李可以和很多人在线交流，也可以获得很多信息。小李发现有些企业也会在 QQ 群中打广告，进行营销和推广。小李打算也在 QQ 群中进行营销推广，在本活动中，我们将和小李一起了解 QQ 群推广。

 **活动实施**

QQ 群推广是网络推广中的一种常见的免费推广模式，QQ 群推广就是利用 QQ 群向用户推广某一项产品或事件，从而达到一定的商业目的的推广模式。

QQ 群推广步骤：

① 登录一个 QQ 账号。

② 定位目标群。根据企业的产品找到适合推广这项产品的 QQ 群，也就是定位企业的产品使用用户。如果是女装销售企业，那么该企业的目标群就是喜欢交流服装、时尚的 QQ 群。

例如，手机类产品卖家可以在群中输入"手机"，点击"查找"，就会显示和手机相关的 QQ 群，在选定一个 QQ 群后，点击"加入"，群主审核通过就可以加入到该群。（图 4-15）

③ 加入群之后，不能马上发广告。那样的话，被踢的可能性达到 99.9%。应该先混个脸熟，再发广告。而且还不能滥发广告，应该根据实际情况发广告。如：三天发一次、五天发一次……这样被踢的可能性就会减小。

④ 修改群名片。点击修改我的群名片，把自己的群名片修改成品牌或产品名称，让别人一看就知道是销售什么产品的。（图 4-16、图 4-17）

例如，某淘宝女装销售企业可以将自己的群名片改成"日韩女装"，这样，群里的其他成员就可以直接从名称中看出该企业是销售什么类型服装的。

⑤ 将 QQ 在线状态改为"Q 我吧"，在 QQ 群中显示的"群成员"中，你将会显示在"群成员"下的前几位（办了 QQ 会员也有这种效果哦）。即使你不常在群里活跃，当有心人想买，却无意在群成员下看到你，也许就会 Q 你哦。（图 4-18）

图4-15　QQ群搜索

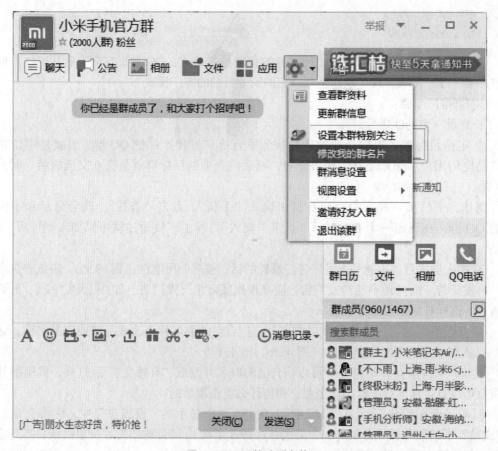

图4-16　QQ修改群名片

图4-17　修改名片

图4-18　修改状态

## 活动评价

| 评 价 项 目 | 自 我 评 价 | | 教 师 评 价 | |
|---|---|---|---|---|
| | 小 结 | 评分（5分） | 小 结 | 评分（5分） |
| 1. 能知道如何搜索 QQ 群 | | | | |
| 2. 能知道如何加入 QQ 群 | | | | |
| 3. 能在 QQ 群中进行营销 | | | | |

# 任务四 了解短信推广

**任务介绍**

短信是我们日常生活中接触最多的一种信息交流方式，我们可以通过短信与他人进行信息交流，企业也可以通过短信向客户传递营销信息。在本任务中，我们将学习如何通过短信进行推广。

**活动描述**

> 小李的手机经常会收到一些企业发送给她的营销推广短信。这些短信可以及时告知小李所在企业的最新活动，小李也可以通过短信中的链接登录企业网站直接购买商品。小李打算学习这种营销方式。

**活动实施**

**第一步，了解手机短信**

手机短信推广就是通过发送短信息的形式将企业的产品、服务等信息传递给手机用户（客户群体），从而达到广告的目的。手机短信息广告的宗旨是为了企业发展、节约开支、提高效益而产生的，它可将"产品报价"、"节日问候"、"客户回访"等相关信息发布到客户的手机上，为企业树立品牌形象或占有市场创造无限商机，从而也为企业大大降低广告开支。

短信推广有以下几点优势：

① 目标明确：短信是直接发送到目标客户的手机上，发送对象选择适合自己产品的目标客户，能使推广更加有效。

② 精确性：直达接收者手机，一对一传递信息，客户的短信阅读率高。

③ 速度快：传播不受时间和地域限制，保证最新更改信息在最短的时间内传递给客户。

④ 成本低：短信发送成本低，能降低宣传成本，投资更少。

⑤ 蔓延性：接收者可将信息随身保存，随时咨询广告主，需要时可反复阅读。

⑥ 灵活性：发布的时间可灵活掌握，甚至具体到某个具体的时间段内发布。

**第二步，了解手机短信营销的实施**

小李是一家电子商务服饰企业的推广人员，2015年中秋节，公司需要向100名老客户发送节日慰问短信。以下是小李的短信营销的发生过程。

① 登录短信发送平台。（图4-19）

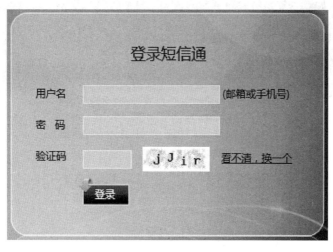

图4-19　登录短信发送平台

② 在号码文本框中输入需要发送的手机号码，号码之间用逗号"，"隔开。在短信内容文本框中输入想要发送的短信内容。（图4-20）

图4-20　编辑短信

③ 编辑好内容后，点击发送，所有的短信发送成功。（图4-21）

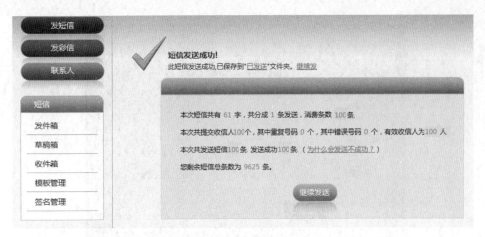

图4-21 发送短信

| 评 价 项 目 | 自 我 评 价 | | 教 师 评 价 | |
|---|---|---|---|---|
| | 小 结 | 评分（5分） | 小 结 | 评分（5分） |
| 1. 能了解短信营销的方式 | | | | |
| 2. 能了解短信营销的特点 | | | | |
| 3. 能掌握短信营销的方法 | | | | |

# 任务五 了解论坛、贴吧、帮派推广

论坛、贴吧、帮派是由具有相同爱好、特点的网民组成的讨论群，在这里你可以找到很多以兴趣、话题等组成的小组，在这里你不但可以浏览他人发表的帖子，还可以自己发布帖子。在本任务中，我们将学习如何通过论坛、贴吧、帮派进行推广。

## 活动一 了解论坛推广

### 活动描述

小李常会在网上逛逛论坛，在论坛中和一些兴趣爱好相近的人交流。小李发现论坛中也会有一些企业的推广措施，于是小李也打算学习如何在论坛中进行推广。

## 活动实施

### 第一步，了解论坛推广

论坛是（BBS）Internet 上的一种电子信息服务系统。它提供一块公共电子白板，每个用户都可以在上面书写，可发布信息或提出看法。它是一种交互性强、内容丰富而及时的 Internet 电子信息服务系统，用户在论坛上可以获得各种信息服务、发布信息、进行讨论、聊天等。论坛在网络交流中的人群参与度极高，并且在论坛中，有某种共同兴趣或特点的网络人群通常聚集于某一帖子中交流讨论。

论坛推广有以下几个优点：

① 针对性强：论坛中容易聚集相同爱好或特点的人群，如果在论坛中进行推广，目标客户就会集中。

② 推广费用少：在论坛中进行推广通常不需要企业投入额外费用和推广人员。

③ 口碑营销：论坛的人群之间交流性强，容易进行口碑营销。

### 第二步，了解论坛推广的步骤

论坛推广步骤：

1. 论坛的选择

选择和推广企业、网站相关的论坛。

例如，淘宝卖家就可以选择"淘宝论坛"。（图 4-22）

图4-22　淘宝论坛

2. 论坛注册

注册一个用户名，完善资料，这样可以提高信誉度。

3. 论坛发帖

① 发帖前需查看该论坛的发帖规则。

② 发帖需要有吸引力，这样才会吸引法人参与。

活动评价

| 评价项目 | 自我评价 | | 教师评价 | |
|---|---|---|---|---|
| | 小结 | 评分（5分） | 小结 | 评分（5分） |
| 1. 能知道什么是论坛 | | | | |
| 2. 能登录论坛 | | | | |
| 3. 能在论坛上发帖子 | | | | |

## 活动二　了解贴吧推广

### 活动描述

　　小李常会在网上逛逛贴吧，在贴吧中和一些兴趣爱好相近的人交流。小李发现贴吧中也会有一些企业的推广措施，于是小李也打算学习如何在贴吧中进行推广。

### 活动实施

　　贴吧即百度贴吧，是百度旗下独立品牌。贴吧是一种基于关键词的主题交流社区，它与搜索紧密结合，准确把握用户需求，使那些对同一个话题感兴趣的人们聚集在一起，方便展开交流和互相帮助。

　　贴吧目录涵盖社会、地区、生活、教育、娱乐明星、游戏、体育、企业等方方面面，并且贴吧中的每一个小吧都是相同兴趣爱好的人。

　　贴吧推广方式中，一种是付费的推广。这种推广是百度 2012 年推出的基于百度贴吧的社会化营销产品。借助百度贴吧强大的社区平台，通过多种互动样式的贴子以软性植入的方式，将广告主的营销活动准确地分发到相关的贴吧中，从而达到社区营销目的。同时贴吧推广还可以为广告主在贴吧内提供贴吧品牌社区，及时发布品牌官方信息，深度与品牌受众互动，满足广告主品牌营销需求。例如，下图中快乐大本营吧的这款化妆品推广。点击该条帖子就会直接进入到化妆品首页。（图 4-23）

　　另一种贴吧推广就是软文推广。需要推广人员自己编写推广软文在贴吧里发布。（图 4-24）

图4-23　贴吧推广

图4-24　贴吧软文发布

活动评价

| 评 价 项 目 | 自 我 评 价 | | 教 师 评 价 | |
|---|---|---|---|---|
| | 小 结 | 评分（5分） | 小 结 | 评分（5分） |
| 1. 能知道什么是贴吧 | | | | |
| 2. 能登录、加入一个贴吧 | | | | |
| 3. 能掌握在贴吧中发帖的方法 | | | | |

## 活动三  了解帮派推广

 活动描述

　　小李经常在淘宝上购物，她在淘宝上加入了一个购物帮派，在这个帮派里小李可以和一些购物兴趣相似的人相互交流。在交流的同时，小李发现帮派也可以进行营销推广。

## 活动实施

　　帮派通常是指淘宝帮派，所谓淘宝帮派实际上就是淘宝买家共同参与的一个交流平台。淘宝的广大淘友，按照自己的兴趣喜好聚集在一起，用户可以加入别人建立的帮派，在帮派中发布广告；也可以自建帮派，订立帮规，可以在自己的帮派中分享经验，也可发布广告及促销活动等。

　　现在有的帮派的帮众已经达到数十万，除此之外其他帮派的帮众也可进帮派浏览甚至是发帖子。大家在这里分享购物体验，把自己购到的宝贝晒出来。所以很多卖家开建自己的帮派，一方面是引流量，另一方面可以做到对自己的产品进行口碑宣传。而对于买家来说，加入到一个自己感兴趣的帮派，就相当于找到了一个优质的购物导游。因为帮派里面有很多与自己购物喜好相似的帮友们。在自己还不知道这个东西好不好的时候，也许其他的帮友们早已贴图分享了自己的购物体验。买家完全可以参照帮友们的意见。

　　帮派推广步骤：

① 登录淘宝帮派；（图4-25）

② 选择一个帮派，点击进入；（图4-26）

③ 在该帮派中，点击"发表"，选择"帖子"；（图4-27）

④ 填写发表内容，最后点击"发表"。（图4-28）

图4-25　淘宝帮派

图4-26　帮派列表

图4-27　女装帮派

**┃ 发表帖子**

帖子标题： [                                                    ]

发表版面： [—不分版— ▼]

内容正文：

内容正文每5分钟自动保存一次。　💾立即保存　恢复编辑历史 ▼ ❓

源码：已输入 **0**/最多输入 **64000**

[ 点击输入验证码 ]

[ 发表 ]

图4-28　发布内容

活动评价

| 评 价 项 目 | 自 我 评 价 | | 教 师 评 价 | |
|---|---|---|---|---|
| | 小 结 | 评分（5分） | 小 结 | 评分（5分） |
| 1. 能知道什么是帮派 | | | | |
| 2. 能加入一个帮派 | | | | |
| 3. 能在帮派中进行推广 | | | | |

# 任务六　了解邮件推广

任务介绍

电子邮件营销推广是网络营销手法中最古老的一种，可以说电子邮件营销比绝大部分网站推广和网络营销手法都要老。在本任务中，我们将学习如何使用电子邮件进行推广。

 活动描述

　　小李经常通过电子邮件和同事、朋友交流，她也会收到他人的邮件。她收到的邮件有来自自己朋友的联系信件，也有来自企业的推广邮件。小李也想学习邮件推广方式。

活动实施

**第一步，了解邮件推广的特点**

　　电子邮件营销是利用电子邮件与受众客户进行商业交流的一种直销方式，同时也广泛地应用于网络营销领域。

　　邮件推广具有以下特点：

**（1）范围广**

　　随着国际互联网（Internet）的迅猛发展，中国的网民规模已达 5.6 亿，全球已经超过 22 亿，面对如此巨大的用户群，作为现代广告宣传手段的 Email 营销正日益受到人们的重视，只要你拥有足够多的 Email 地址，就可以在很短的时间内向数千万目标用户发布广告信息，营销范围可以是中国全境乃至全球。

**（2）操作简单效率高**

　　使用我们提供的专业邮件群发软件，单机可实现每天数百万封的发信速度，操作不需要懂得高深的计算机知识，不需要繁锁的制作及发送过程，发送上亿封的广告邮件一般几个工作日内便可完成。

**（3）成本低廉**

　　Email 营销是一种低成本的营销方式，所有的费用支出就是上网费，成本比传统广告形式要低得多。

**（4）应用范围广**

　　广告的内容不受限制，适合各行各业，因为广告的载体就是电子邮件，所以具有信息量大、保存期长的特点，具有长期的宣传效果，而且收藏和传阅非常简单方便。

**（5）针对性强反馈率高**

　　电子邮件本身具有定向性，你可以针对某一特定的人群发送特定的广告邮件，你可以根据需要按行业或地域等进行分类，然后针对目标客户进行广告邮件群发，使宣传一步到位，这样做可使行销目标明确，效果非常好。

**（6）精准度高**

　　由于电子邮件是点对点的传播，所以我们可以实现非常有针对性，高精准的传播，比如我们可以针对某一特点的人群发送特定邮件，也可以根据需要按行业、地域等进行分类，然后针对目标客户进行邮件群发，使宣传一步到位。

**第二步，邮件推广实施操作**

**1. 导入联系人**

① 先打开要导入的 excel 文件，格式不正确的文件是无法导入的，首先你要检查这个文

件是不是有标题栏，没有标题栏的话，很多邮箱都不能导入，所以先插入标题栏。（图4-29）

图4-29　插入标题

② 我们按照"联系组、姓名、邮件地址、联系地址、邮政编码、联系电话、移动电话、公司"这样的顺序整理联系人的信息。当然，如果你的联系人的信息没有这么多，可以空着不填，比如没有电话，你就空着这一栏就可以了，如下图所示就是整理好的联系人的信息。（图4-30）

| | 联系组 | 项目 | 邮件地址 | 联系地址 | 邮政编码 | 联系电话 | 移动电话 | 公司 |
|---|---|---|---|---|---|---|---|---|
| 1 | 联系组 | 项目 | 邮件地址 | 联系地址 | 邮政编码 | 联系电话 | 移动电话 | 公司 |
| 2 | | 张三 | @qq.om | | | | | |
| 3 | | 李四 | @163.com | | | | | |
| 4 | | 王二 | @126.com | | | | | |
| 5 | | 刘一 | @163.com | | | | | |
| 6 | | 赵五 | @163.com | | | | | |

图4-30　编辑信息

③ 点击 excel 的开始按钮，点击另存为，在保存格式中选择 CSV 格式。（图4-31）

④ 登录邮箱首页，点击"通讯录"。（图4-32）

⑤ 点击"通讯录——导入联系人"。（图4-33）

⑥ 选择"从文件导入"，点击"选择文件"。（图4-34）

⑦ 选择之前建立的"联系人.CSV"文件。（图4-35）

⑧ 点击"确定"。（图4-36）

⑨ 在导入确认对话框中点击"确定"。（图4-37）

⑩ 点击通讯录，就可以看到添加的联系人邮箱。（图4-38）

图4-31 保存文件

图4-32 打开通讯录

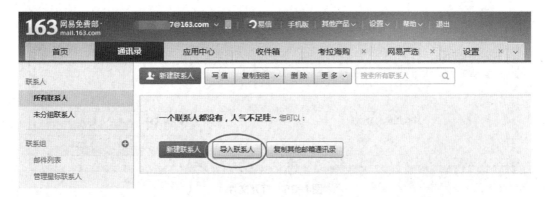

图4-33 导入联系人

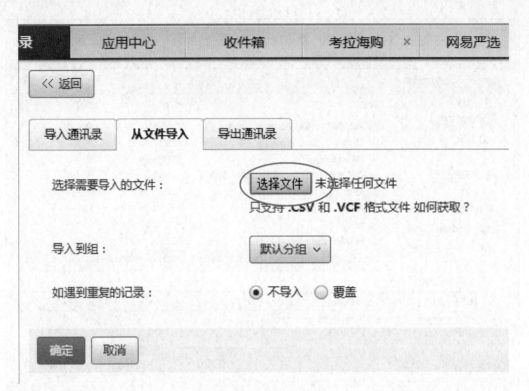

图4-34 选择文件

图4-35 打开文件

图4-36 确定导入

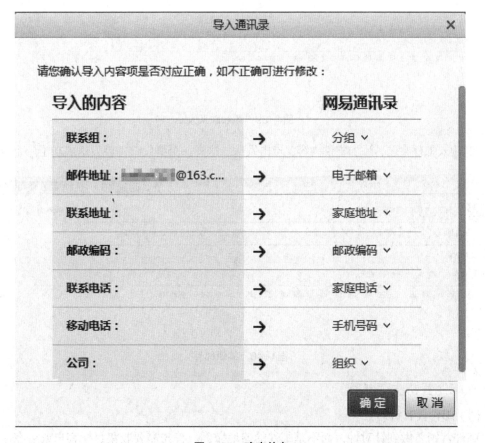

图4-37 确定信息

图4-38　查看联系人

## 2. 群发邮件

① 在联系人列表中，点击"添加该组"，即可添加组内的所有联系人。（图4-39）

图4-39　添加联系人

② 输入邮件主题，添加邮件内容，点击发送。这样一个群发邮件就发送成功了。（图4-40）

图4-40　编辑邮件

## 3. 邮件营销注意事项

### （1）邮件要有针对性

邮件营销要做到针对性，而不是邮件的遍地撒网。首先需要收集目标客户或潜在客户的邮箱地址，例如，服装企业给喜爱购买服饰类商品的客户发送营销邮件，儿童用品企业给家有儿童的家长发送营销邮件等。缺乏针对性会使邮件的阅读率降低，只有符合目标发送者特点的邮件才有可能被阅读。要做到更有针对性，也许你还要把你的这些客户分成几类，例如服饰类企业把客户分为日韩风客户、甜美风客户、森系客户、休闲运动风客户等，方便进行点对点的营销。

**（2）制定邮件营销计划**

邮件营销是一个过程，心急吃不了热豆腐，不要幻想一份邮件就能让客户买单，有计划的进行才会有更好的效果。

**（3）避免成为垃圾邮件**

避免狂轰滥炸式的邮件发送，不要超出客户的忍耐限度，邮件营销毕竟是一种广告，如果客户不想收到太多这样的邮件，一味地发送会使客户感到厌恶，最后邮件会被直接加入垃圾箱，成为垃圾邮件。

## 活动评价

| 评 价 项 目 | 自 我 评 价 | | 教 师 评 价 | |
|---|---|---|---|---|
| | 小 结 | 评分（5分） | 小 结 | 评分（5分） |
| 1. 能知道邮件营销的特点 | | | | |
| 2. 能进行邮件营销操作 | | | | |
| 3. 能知道邮件营销的注意事项 | | | | |

## 练习题

一、单选题

1. 下列哪项是微博的营销功能？　　　　　　　　　　　　　　（　　）

　　A. 口碑营销　　　　　　　　　　　B. 信息收集

　　C. 数据支持　　　　　　　　　　　D. 技术更新

2. 下列哪项不属于微博的营销功能？　　　　　　　　　　　　（　　）

　　A. CRM　　　　　　　　　　　　　B. 危机公关

　　C. 新品发布　　　　　　　　　　　D. 网站设计

3. 下列哪一项不属于群组？　　　　　　　　　　　　　　　　（　　）

　　A. QQ 群　　　　　　　　　　　　B. 旺旺群

　　C. 微信群　　　　　　　　　　　　D. 朋友圈

4. 下列哪一项不属于短信营销的优点？　　　　　　　　　　　（　　）

　　A. 成本低　　　　　　　　　　　　B. 速度快

　　C. 目标明确　　　　　　　　　　　D. 传播广

5. 下列哪一项不是 QQ 群的添加步骤？ （　　）
  A. 搜索群       B. 查看群
  C. 加入群       D. 删除群

6. 下列哪一项是邮件推广的特点？ （　　）
  A. 范围广       B. 虚拟性
  C. 美观性       D. 自然性

7. 下列哪一项不是邮件推广的特点？ （　　）
  A. 费用低       B. 范围广
  C. 精度高       D. 1 对 1

8. 下列哪一项不属于邮件群发的步骤？ （　　）
  A. 导入联系人      B. 新建邮件
  C. 编辑内容       D. 搜索群

## 二、多选题

1. 下列哪几项是微博的营销功能？ （　　）
  A. 口碑营销       B. 危机公关
  C. 新品发布       D. 时间营销

2. 下列哪几项属于微信的功能？ （　　）
  A. 发朋友圈       B. 加好友
  C. 扫二维码       D. 照片美化

3. 下列哪几项属于微博的功能？ （　　）
  A. 发布微博       B. 转发微博
  C. 微博点赞       D. 打电话

4. 下列哪几个属于论坛？ （　　）
  A. 百度知道       B. 天涯论坛
  C. 新浪爱问       D. 淘宝论坛

5. 下列哪几项是短信营销的优点？ （　　）
  A. 目标明确       B. 速度快
  C. 费用低       D. 及时性

6. 下列哪几项是贴吧的功能？ （　　）
  A. 发帖子       B. 发起投票活动
  C. 收藏       D. 点赞

7. 下列哪几项是邮件推广的特点？ （　　）
  A. 范围广       B. 价格低
  C. 应用广       D. 操作简单

8. 下列哪几项是邮件群发的步骤？ （　　）
  A. 导入联系人      B. 新建邮件
  C. 添加联系人      D. 发送

三、判断题

1. 口碑营销是微博的营销功能。　　　　　　　　　　　　（　　　）
2. 微博上可以发起投票活动。　　　　　　　　　　　　　（　　　）
3. 微博上可以实现在线交流。　　　　　　　　　　　　　（　　　）
4. 微店不是微信的营销方式。　　　　　　　　　　　　　（　　　）
5. 朋友圈里不可以发布商业广告。　　　　　　　　　　　（　　　）
6. 短信群发以此最多发 10 人。　　　　　　　　　　　　（　　　）
7. 短信群发必须有手机号码。　　　　　　　　　　　　　（　　　）
8. 邮件营销群发可以不写邮件标题。　　　　　　　　　　（　　　）

四、案例思考

经过近几年的发展，网络营销的热度非但不减反而逆势上行。互联网加速的发展促使网络营销行业更迭很快，各种推广的结合，各种新推广玩法的推出，不胜枚举，像璀璨的星光久久不能平息，一波未平一波又起。除了微信、微博、QQ、邮箱、论坛这些常见的推广工具还有哪些推广工具?

项目 **五** 付费推广

除了前几个项目中了解到的一些免费的推广方式外，作为网络营销推广专员，小李在日常工作中还会用到付费推广。在付费推广中，网络广告是主要的推广方式，也是最有效的推广方式。在本项目中，我们将通过小李的付费网络广告推广工作实例，来了解网络广告内涵、形式和发布方法。

**项目目标**

◎ 了解网络广告的特点；
◎ 了解网络广告的计费形式；
◎ 了解网络广告的发布方法。

# 任务一　了解网络广告

 任务介绍

在本任务中，我们将了解网络广告的特点和价值。网络广告是网络营销中的主要推广方式，通过支付一定的费用，企业可以在网络上发布企业广告，对企业进行宣传推广和销售促进。

## 活动一　了解网络广告

 活动描述

每当小李上网打开某个网页时，页面上会显示形形色色的广告，这些就是网络广告。网络广告就是在网络平台上投放的广告。网络广告发布是利用网站上的广告横幅、文本链接、多媒体的方法，在互联网刊登或发布广告，通过网络传递到互联网用户的一种高科技广告运作方式。

## 活动实施

### 第一步，了解网络广告的特点

随着互联网信息技术的快速发展，网络广告已成为与传统的四大传播媒体（报纸、杂志、电视、广播）广告并肩的主流广告形式之一。与传统的四大传播媒体广告相比，网络广告具有以下特点：

**（1）交互性**

传统的四大传播媒体（报纸、杂志、电视、广播）广告没有或很少有与消费者的互动，而网络广告信息是互动传播的，用户可以主动获取他们认为有用的信息，消费者可以通过链接获取更深入详细的广告信息，消费者也可以点击广告进入到企业销售页面进行购买，或者直接填写并提交在线表单信息，广告主也可以随时得到宝贵的用户反馈信息，从而缩短了用户和广告客户之间的距离。

**（2）实时性和快速性**

互联网本身反应就很迅速，依托互联网为媒体的网络广告更是迅速。企业可以及时按照需要更改广告内容，经营决策的变化也能及时实施和推广。另外，网络广告制作周期比起传统广告而言更短。

**（3）准确跟踪和衡量广告效果**

在网络当中，网络广告商通过监视广告的浏览量、点击率等指标能够精确统计出广告的大致效果，企业就可以随时根据广告投放效果修改自己的营销策略。因此较之其他广告形式，网络广告能够使广告主更好地跟踪广告受众的反应，及时了解用户和潜在用户的情况。

**（4）传播范围广**

网络广告的传播是不受时间和空间的限制，只要具备上网条件，网络用户可以在任何时间任何地点浏览网络广告。

**（5）时间灵活、价格低廉**

传统的电视、广播、杂志、报纸广告都是定期定点发布的，发布的时间和周期都是固定的，而网络广告则可以不限时间。另外，网络广告的价格也较传统广告的价格低廉。

**（6）针对性**

由于网络广告都是在特定的网站发布的，而这些网站一般都有特定的用户群，因此，广告主在投放这些广告的时候往往能够做到有的放矢，根据广告目标受众的特点，针对每个用户的不同兴趣和品味投放广告。

**（7）灵活多样的投放形式**

多媒体性也是广告的一大特点，它能将文字、图像、声音、三维空间、虚拟视觉等有机地组合在一起，而广告受众也能够对广告产品有更详细地了解。

### 第二步，了解网络广告的价值

网络广告对于企业来说具有不可估量的价值。

**（1）品牌推广**

网络广告最主要的效果之一表现在对企业品牌价值的提升，这也说明了为什么用户浏览而没有点击网络广告同样会在一定时期内产生效果，在所有的网络营销方法中，网络广告的品牌推广价值最为显著。同时，网络广告丰富的表现手段也为更好地展示产品信息和企业形象提供了必要条件。

**（2）网站推广**

网站推广是网络营销的主要职能，获得尽可能多的有效访问量也是网络营销取得成效的基础，网络广告对于网站推广的作用非常明显，通常出现在网络广告中的"点击这里"按钮就是对网站推广最好的支持。网络广告（如网页上的各种 BANNER 广告、文字广告等）通常会链接到相关的产品页面或网站首页，用户对于网络广告的每次点击，都意味着为网站带来了访问量的增加。因此，常见的网络广告形式对于网站推广都具有明显的效果，尤其是关键词广告、BANNER 广告、电子邮件广告等。推广的方式有很多，一般有付费的推广（如：百度付费等）和免付费的推广，也有一些功能特别强大的组合营销软件，可以实现多方位的网络营销，功能特别强大，只需要简单地操作，即可让您的潜在用户通过网络主动找到您，特别方便。

**（3）销售促进**

用户由于受到各种形式的网络广告吸引而获取产品信息，已成为影响用户购买行为的因素之一，尤其当网络广告与企业网站、网上商店等网络营销手段相结合时，这种产品促销活动的效果更为显著。网络广告对于销售的促进作用不仅表现在直接的在线销售，也表现在通过互联网获取产品信息后对线下销售的促进。

**（4）在线调研**

网络广告对于在线调研的价值可以表现在多个方面，如对消费者行为的研究，对于在线调查问卷的推广，对于各种网络广告形式和广告效果的测试，用户对于新产品的看法等。通过网络广告展开在线调查，可以迅速获得特定用户群体的反馈信息，大大提高了市场调查的效率。

例如，保险企业网站首页上发布了一项图片广告，该广告的内容是客户满意度调查。（图5-1）

图5-1　信息调查广告

客户点击该图片广告就会进入到客户满意度调查表页面，客户在填写该调查表后，点击"提交"，这样企业就可以得到一份客户满意度信息。（图5-2）

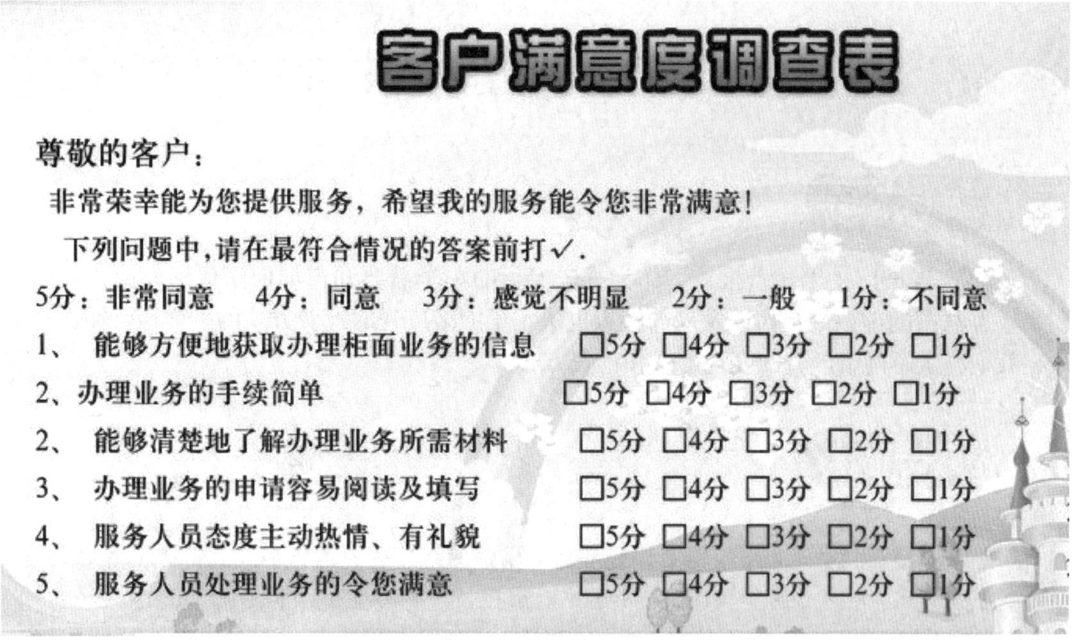

# 客户满意度调查表

尊敬的客户：

非常荣幸能为您提供服务，希望我的服务能令您非常满意！

下列问题中，请在最符合情况的答案前打✓.

5分：非常同意　　4分：同意　　3分：感觉不明显　　2分：一般　　1分：不同意

1、　能够方便地获取办理柜面业务的信息　　□5分 □4分 □3分 □2分 □1分

2、办理业务的手续简单　　□5分 □4分 □3分 □2分 □1分

2、　能够清楚地了解办理业务所需材料　　□5分 □4分 □3分 □2分 □1分

3、　办理业务的申请容易阅读及填写　　□5分 □4分 □3分 □2分 □1分

4、　服务人员态度主动热情、有礼貌　　□5分 □4分 □3分 □2分 □1分

5、　服务人员处理业务的令您满意　　□5分 □4分 □3分 □2分 □1分

图5-2　调查问卷

（5）顾客关系

网络广告所具有的对用户行为的跟踪分析功能为深入了解用户的需求和购买特点提供了必要的信息，这种信息不仅成为网上调研内容的组成部分，也为建立和改善顾客关系提供了必要条件。网络广告对顾客关系的改善也促进了品牌忠诚度的提高。

（6）信息发布

网络广告是向用户传递信息的一种手段，因此可以理解为信息发布的一种方式，通过网络广告投放，不仅可以将信息发布在自己的网站上，也可以发布在用户数量更多、用户定位程度更高的网站，或者直接通过电子邮件发送给目标用户，从而获得更多用户的注意，大大增强了网络营销的信息发布功能。

## 活动评价

| 评价项目 | 自我评价 | | 教师评价 | |
|---|---|---|---|---|
| | 小　结 | 评分(5分) | 小　结 | 评分(5分) |
| 1.能知道什么是网络广告 | | | | |
| 2.能知道网络广告的价值 | | | | |
| 3.能知道网络广告的特点 | | | | |

# 任务二　了解网络广告的形式

 **任务介绍**

　　网络广告推广是以付费推广，作为推广专员的小李需要知道如何给代理商或投放网站付费。互联网的虚拟性与高速发展的特点也决定了网络广告的计费方式的多样性。在本任务中，我们将了解网络广告的表现形式和计费方式。

 **活动描述**

　　小李知道了什么是网络广告后，她还需要了解网络广告的运作形式，包括表现形式和计费方式。只有学习了这些知识后，小李才能承担公司的网络广告推广营销工作。

 **活动实施**

### 第一步，了解网络广告的表现形式

　　网络广告的表现形式主要有三种：文字广告、图片广告、视频广告。

　　文字广告，是以公司名称、产品名称或相关的产品信息，以文字的形式来链接相应内容的一种广告形式，消费者点击该条文字就会进入企业或产品页面。例如下图中，中间部分的广告信息就属于文字广告。（图5-3）

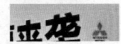

- 曝:卡罗拉混动版参数 新款探险者 新款Note 新款瑞风S3
- 新款艾瑞泽M7 新款3系周年版 奥迪TT RS 风行CM7自动挡
- 圣达菲经典新车 大切诺基新车 长安全新SUV 大迈X5下线
- ∩汽车之家电台 绅宝X55下线 新款迈锐宝内饰 新款RS 6
- 家认证优质车源汇总 二手车外迁/迁入流程 10万二手SUV
- 迈锐宝享3888豪礼 梅山港看车团招募 众泰T600购车心声
- 零首付置换享Jeep 和新帕萨特游航博 新途锐有度就有路
- 新圣达菲注册有礼 测绘智制冷与制暖 新蓝鸟公布预售价

**车险85折优惠 还有1000元油卡疯狂送**　文本链接广告

- 说客:保时捷叫板特斯拉? 汽油添加剂管用吗 憨豆的豪车
- 新闻:近期上市车 满意度解析 马自达新车 油价或将下调
- 新闻:卡缤特别版 降价排行:MPV 全新Panamera 新款帝豪

- 新奇骏车
- 观致汽车
- T70X真值
- 测荣威3
- 闪耀的目

图5-3　文字链接广告

　　图片广告，是通过图片的形式展示企业、产品或其他相关信息的一种广告形式，通常图片会附有超链接，消费者点击该图片就会进入到企业或产品页面。例如下图中的紫砂壶广告。（图5-4）

图5-4　图片广告

　　视频广告，是通过视频的形式展示企业、产品或其他信息的广告形式，通常以一段时间较短的视频向消费者传达企业理念、产品信息、企业活动等内容。视频广告最常见的形式就是电影、电视等视频播放前的插播广告。（图5-5）

图5-5　视频广告

### 第二步，了解网络广告的计费方式

（1）CPC

　　CPC（Cost Per Click），是一种按点击计费的广告计费模式。用户只有在点击广告之后，广告主才会向广告投放网站支付费用，如果用户只是浏览而没有点击广告，那么广告主就不用支付广告费用。在这种模式下广告主仅为用户点击广告的行为付费，而不再为广告的显示次数付费。对广告主来说，避免了只浏览不点击的风险，是网络比较成熟的国家常见的收费方式之一。

例如，下图网页中的某房地产企业的一篇软文广告。（图5-6）

图5-6 软文广告

（2）CPS

CPS（Cost Per Sale），是以实际销售产品金额或数量来计算广告费用的一种广告计费模式。CPS广告是网络广告的一种，广告主为了避免无效广告，按照广告点击之后产生的实际销售笔数付给广告站点销售提成费用。通常CPS广告点击之后就会进入到商品购买页面。

例如，下图网页中的左侧这款裤子广告，点击该广告，就会进入到购买页面。（图5-7）

图5-7 天猫广告

用户浏览广告后，点击广告链接，进入商品购买页面。如果用户付款购买了这款商品，那么就产生了广告费用，广告主就会按照销售额的一定比例来向投放网站支付广告费用。（图5-8）

图5-8　购买页面

（3）CPM

CPM（Cost Per Mille），每千人成本，既广告显示1 000次所应付的费用。它所反映的定价原则是，按显示次数给广告定价。

例如，唐狮服饰在一家资讯网站上投放了CPM弹窗广告，在以24个小时1 000个唯一弹出窗口IP为准，即当用户访问会员站点的时候，会员站点自动将广告主的站点指定宣传页面弹出来。（图5-9）

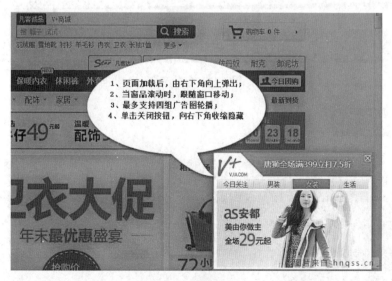

图5-9　弹窗广告

（4）CPA

CPA（Cost Per Action），计价方式是指按广告投放实际效果，即按回应的有效问卷或订单来计费，而不限广告投放量。CPA 广告是网络中最常见的一种广告形式，当用户点击某个网站上的 CPA 广告后，这个站的站长就会获得相应的收入。CPA 的计价方式对于网站而言有一定的风险，但若广告投放成功，其收益也比 CPM 的计价方式要大得多，因为只要用户产生一定的行为之后就会计费，而且用户产生的行为往往能给企业带来一定的效益。

例如，下图页面中的装修产品广告。（图5-10）

图5-10　装修产品广告

点击广告图片，进入到报名页面。只要用户点击进入，并进行报名，那么就会产生广告费用；如果用户点击进入报名页面，并完成报名，那么就产生了广告费用，广告主就需要来向投放网站支付广告费用。（图 5-11）

图5-11　会员注册

 活动评价

| 评 价 项 目 | 自我评价 | | 教师评价 | |
|---|---|---|---|---|
| | 小 结 | 评分（5分） | 小 结 | 评分（5分） |
| 1. 能知道网络广告的表现形式有哪些 | | | | |
| 2. 能知道网络广告有哪些计费方式 | | | | |
| 3. 能掌握每种计费方式的特点 | | | | |

# 任务三　学习发布广告

任务介绍

传统的广告发布中，企业需要借助电视、广告、报纸等发布平台，与传统广告一样，网络广告的发布也需要借助一定的发布平台。在本任务中，我们将了解几种网络广告的发布平台，并学习如何通过发布平台发布广告。

## 活动一　发布平台

活动描述

某天，小李接到上级分配的一项任务，让小李发布一条网络广告。小李接到这项任务后，开始计划如何完成。发布网络广告的第一步是选择一个发布平台，接着就可以在发布平台上发布广告了。在本活动中，我们将学习如何选择发布平台。

活动实施

网络广告的发布平台主要有两大类：门户网站和网络广告联盟。

目前在我国，比较知名的门户网站有新浪、网易、搜狐和中公网等，比较著名的专业性站点有联众游戏等，这些门户网站所吸引的用户人数、用户类别和用户特征都比较明显。广告主在选择网站的时候，首先考虑网站及网站访问者的特点是否与自己的产品和活动符合，其次才应该是该站点的访问量。只有在选择好适合自己产品和活动的站点后，站点的访问量才有可能成为有用的浏览量。

随着互联网资讯的不断发展，部分知名的门户网站也开展了自己的广告联盟业务，例如新浪广告联盟、网易广告联盟、搜狐广告竞价等。除了这些门户网站的广告联盟外，还有一类专门的广告联盟网站，这些广告联盟网站为广告主和网站主之间搭建了一个网络广告发布和投放平台。

网络广告联盟，又称联盟营销，指集合中小网络媒体资源（又称联盟会员，如中小网站、个人网站、WAP 站点等）组成联盟，通过联盟平台帮助广告主实现广告投放，并进行广告投放数据监测统计，广告主则按照网络广告的实际效果向联盟会员支付广告费用的网络广告组织投放形式。

网络广告联盟包括三要素：广告主、广告联盟平台和联盟会员网站。（图5-12）

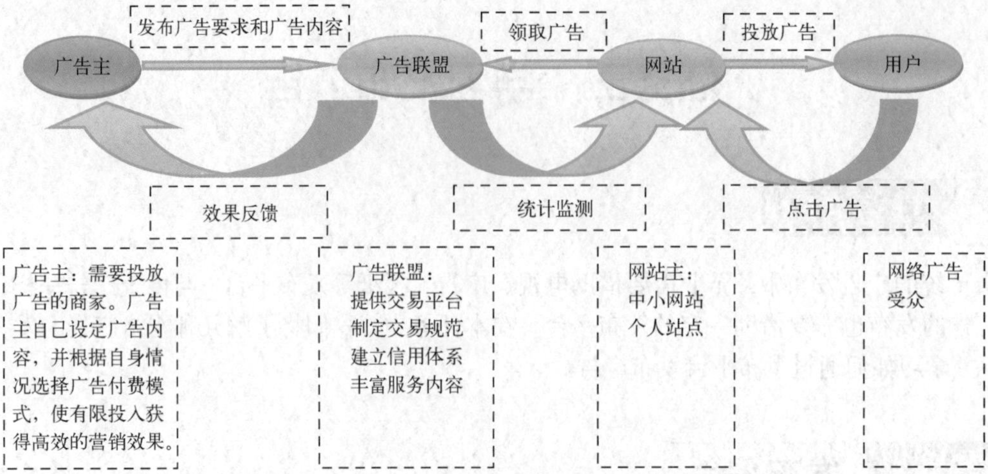

图5-12　广告联盟构成

### 1. 网络广告联盟广告主

广告主指通过网络广告联盟投放广告，并按照网络广告的实际效果（如销售额、引导数、点击数和展示次数等）支付广告费用的企业、网站或个体。相较网络广告代理而言，通过广告联盟投放广告的广告主多为中小型企业或者是互联网网站，品牌广告主投放的广告费用还相对较少，通过广告联盟投放广告能节约营销开支，提高营销质量，同时节约大量的网络广告销售费用。广告主在网络联盟投放广告时，需要根据市场行情和自身情况制定广告形式和广告付费方式。

例如，下图广告联盟首页的广告活动，某广告主发布一项游戏弹窗广告，选择CPM（按显示次数付费）这种付费方式，费用为4元/1 000IP；某广告主发布一项飞信广告，选择CPA（按注册付费）这种付费方式，费用为1.2元/注册。（图5-13）

图5-13　广告联盟首页

### 2. 广告联盟平台

广告联盟平台是连接广告主与广告投放网站的一个交易平台，它为交易双方提供一个规范、安全的交易秩序。在广告联盟中，广告主与广告投放网站是不直接接触的，广告主是把广告内容和广告付费方式发布在广告联盟上，而各中小网站主则是在广告联盟上挑选适合自己网站的广告，领取广告代码在自己的网站进行投放。（图5-14）

图5-14　广告联盟

### 3. 联盟会员网站

联盟会员网站是指在广告联盟平台注册的打算投放广告的网站。这些网站首先需要在广告联盟平台上进行注册。（图5-15）

图5-15　注册会员

成为广告联盟平台会员后，就可以在联盟网站上选择适合自己网站的广告进行投放。（图5-16）

图5-16　投放广告

活动评价

| 评 价 项 目 | 自 我 评 价 | | 教 师 评 价 | |
|---|---|---|---|---|
| | 小 结 | 评分（5分） | 小 结 | 评分（5分） |
| 1. 能知道什么是网络广告发布平台 | | | | |
| 2. 能知道有哪些门户网站 | | | | |
| 3. 能知道什么是网站联盟 | | | | |

## 活动二　学习发布网络广告

活动描述

　　小李在工作中接到了两个网络广告发布任务，需要她发布一个 CPC 广告和一个 CPS 广告。在本活动中，我们将通过小李的广告发布过程，来学习如何发布网络广告。

活动实施

　　**第一项，学习发布 CPC 广告**

　　小李是一家线上服装销售企业的推广人员，2015 年 5 月，公司将举办一款产品的大促销活动，在活动举办之前，需要推广人员发布相应的推广广告作为活动的宣传，作为企业推广人员的小李接到了一份广告发布任务。

| 广 告 发 布 任 务 | |
|---|---|
| 广告形式 | 图片 |
| 广告内容 | 5.1 SALE 大促销 |
| 广告计费方式 | CPC |
| 广告费用 | 0.006/ 点击 |
| 每日限额 | 150 |
| 技术日期 | 无 |
| 位置 | 在所有地方 |

续 表

| 广 告 发 布 任 务 | |
|---|---|
| 类型 | 在所有类目投放 |
| 时间 | 全天投放 |
| 一周 | 全星期投放 |
| 广告发布平台 | 广告联盟 |

根据此项任务单的内容，小李需要在广告联盟上发布一个CPC的图片广告。以下是小李的CPC广告发布过程。

（1）新建计划

登录网络联盟账户，点击首页菜单栏的"计划管理"，选择"新建计划"，填写计划名称"商品促销"，在计费方式选项中，选择"CPC点击"，填写单价"0.006"，每日限额为

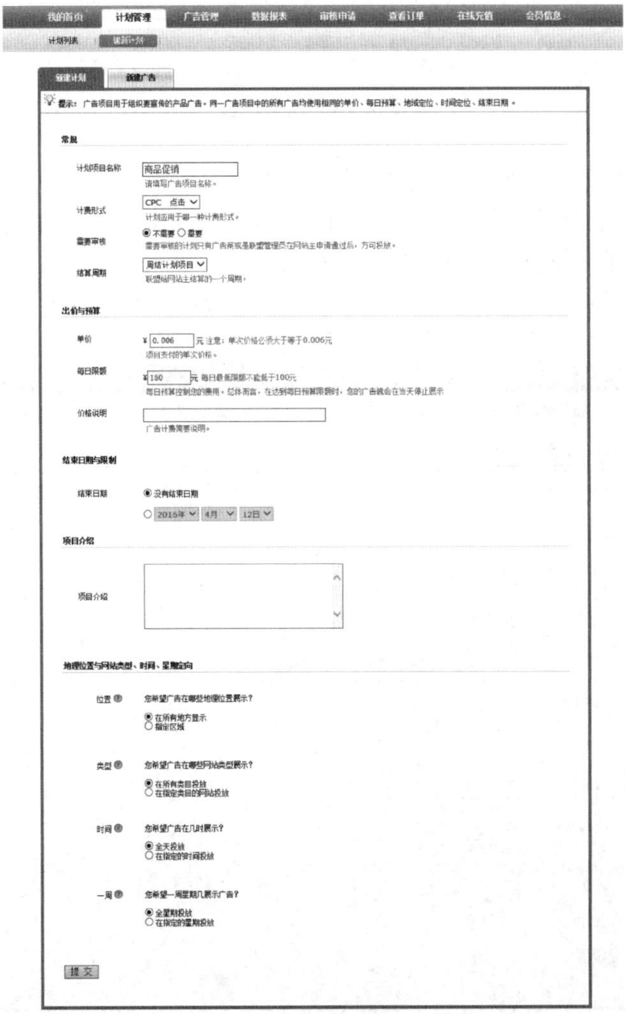

**图5-17 新建计划**

"150"，技术日期选择没有日期，位置选择"在所有地方"，类型选择"在所有类目投放"，时间选择"全天投放"，一周选择"全星期投放"，设置完后点击"提交"。(图 5-17 )

这样一个 CPC 广告计划就设置好了，计划设置好之后，需要等待网络联盟管理员的审核，审核通过之后就可以新建广告了。

**（2）新建广告**

在步骤 2 中，小李已经新建好了一个计划，该计划可以在计划管理列表中查看，若计划状态显示待审，表示该计划还在等待广告联盟管理员审核，若计划状态显示"投放中"，表明该计划已经通过了审核，现在就可以在该广告计划之下新建广告了。(图 5-18 )

| 我的首页 | 计划管理 | 广告管理 | 数据报表 | 审核申请 | 查看订单 | 在线充值 | 会员信息 |
|---|---|---|---|---|---|---|---|

计划列表

**计划管理** ⊕ 新建计划»

| 计划ID | 计划名称 | 类型 | 单价 | 限额 | 结算 | 定向 | 会员限制 | 需要审核 | 广告数量 | 操作 | 状态 |
|---|---|---|---|---|---|---|---|---|---|---|---|
| 11 | **商品促销** | Cpc | 0.006 | 150 | 周结 | 无 | 不限制 | 不需要 | 0 新建 | 编辑 | 投放中 |

图5-18　新建广告

在菜单栏中单击"广告管理"，选择"新建广告"。

属于广告计划，点击下拉菜单，选择之前新建的广告计划"商品促销［CPC］"；广告类型点击下拉菜单选择"普通图片/Flash"；在图片框中，点击"浏览"，上传电脑中的广告图片；宽度设置为"30"；高度设置为"15"；填写广告网址。(图 5-19 )

| 我的首页 | 计划管理 | 广告管理 | 数据报表 | 审核申请 | 查看订单 | 在线充值 | 会员信息 |
|---|---|---|---|---|---|---|---|

广告列表　　建刊广告

新建计划　　新建广告

提示：请不要上传大于500KB文件。

**常规**

属于广告计划　商品促销[Cpc] ✓
　　　　　　　广告属于广告计划项目。

广告类型　　　普通图片/Flash ✓
　　　　　　　广告应用于那一种类型展现。

图片/Flash*　C:\Users\Lenovo\Desktop\2015-04-10_0 [浏览…]
　　　　　　　只能上传 .jpg .gif .swf .png .bmp格式文件,小大限在500KB以下。

常用尺寸　　　----自定义---- ✓
　　　　　　　快速度选取广告尺寸。

宽度*　　　　　30
　　　　　　　广告宽度牌窗类0吸为全屏弹出。

高度*　　　　　15
　　　　　　　广告高度牌窗类0吸为全屏弹出。

广告网址*　　　http://www.yujing.cn
　　　　　　　点击成是弹出的广告地址。

广告描述
　　　　　　　简要的描述。

[提 交]

图5-19　设置广告

在所有信息填写好之后点击"提交"。这样一个CPC广告就发布好了。

小李完成了该CPC广告发布后，网站主就会在广告联盟商看到小李发布的这条广告，网站主A看到小李的这条广告后，打算把小李公司的这条广告发布到自己网站上，网站主只需点击"获取代码"。（图5-20）

图5-20　提交广告

在获取代码页面，点击"复制代码"，这样该条广告代码复制成功，网站主A只需把该条代码加入自己网站代码中，这样小李公司的网络广告就在网站主A的网站上投放成功了。（图5-21）

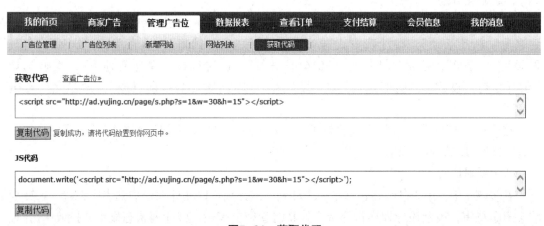

图5-21　获取代码

### 第二项，学习发布CPS广告

例如，小王是一家企业的网络推广人员，2016年4月，该企业推出了一款新产品，根据公司要求小王发布一条CPS形式的新品活动广告。以下是小王的广告发布过程。（图5-22）

| 广 告 发 布 任 务 | |
|---|---|
| 广告形式 | 图片 |
| 广告内容 |  |
| 广告计费方式 | CPS |
| 广告费用 | 20% |
| 每日限额 | 1 000 |
| 技术日期 | 2016-4-5 |
| 位置 | 在所有地方 |
| 类型 | 在所有类目投放 |
| 时间 | 全天投放 |
| 一周 | 全星期投放 |
| 广告发布平台 | 广告联盟 |

**图5-22　发布CPS广告**

（1）新建计划

登录网络联盟账户，点击首页菜单栏的"计划管理"，选择"新建计划"，填写计划名称"新品活动"，在计费方式选项中，选择"CPS销售"，填写单价"20%"，每日限额为"1 000"，技术日期选择"2016年4—5"，位置选择"在所有地方"，类型选择"在所有类目投放"，时间选择"全天投放"，一周选择"全星期投放"，设置完后点击"提交"。

这样一个CPS广告计划就设置好了，计划设置好之后，需要等待网络联盟管理员的审核，审核通过之后就可以新建广告了。（图5-23）

（2）新建广告

在步骤1中，小李已经新建好了一个计划，该计划可以在计划管理列表中查看，若计划状态显示待审，表示该计划还在等待广告联盟管理员审核，若计划状态显示"投放中"，表明该计划已经通过了审核，通过审核后就可以在该广告计划之下新建广告了。（图5-24）

新建广告属于广告计划，点击下拉菜单，选择之前新建的广告计划"商品促销〔CPS〕"；广告类型点击下拉菜单选择"右下角漂浮"；在图片框中，点击"浏览"，上传电脑中的广告图片；宽度设置为"10"；高度设置为"15"；填写广告网址。（图5-25）

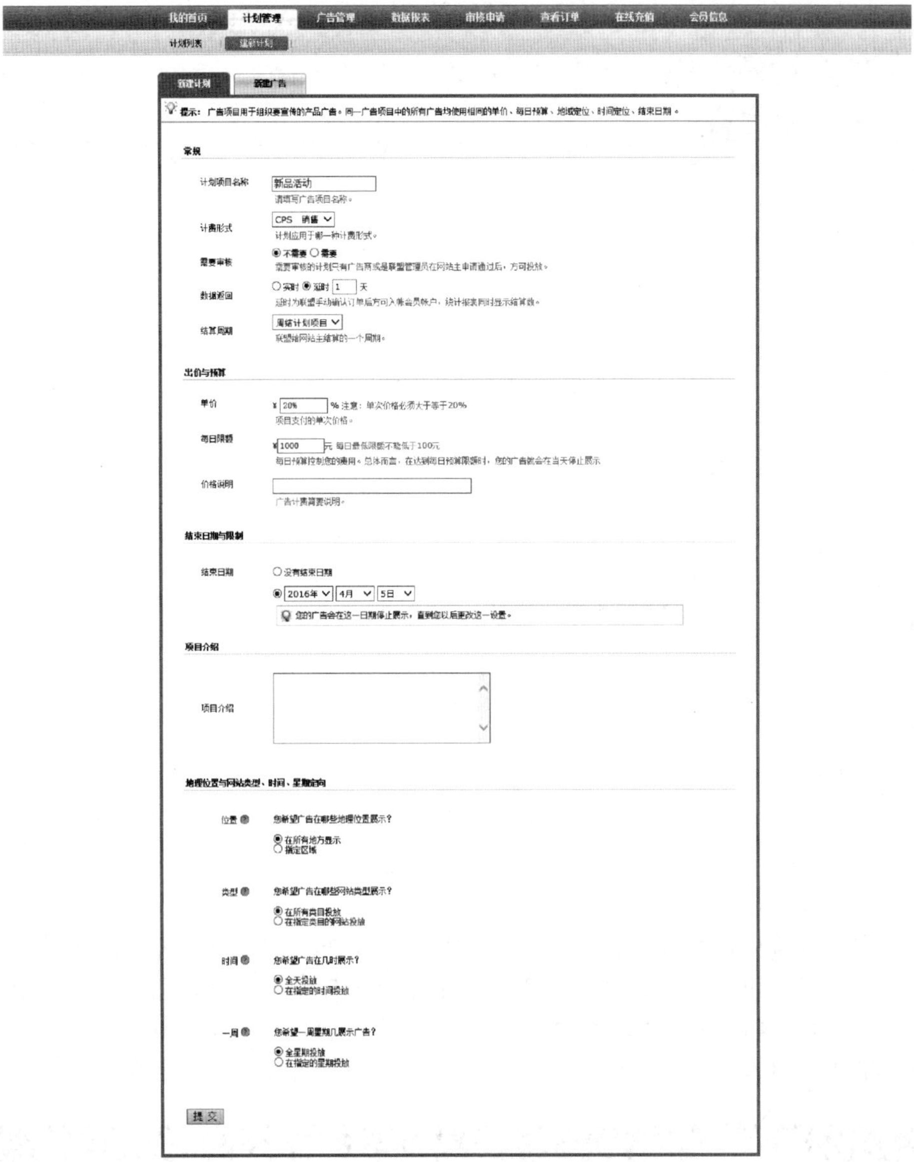

图5-23　新建计划

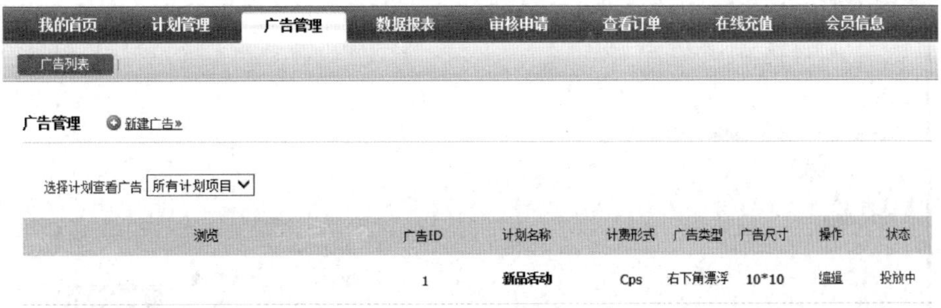

图5-24　新建广告

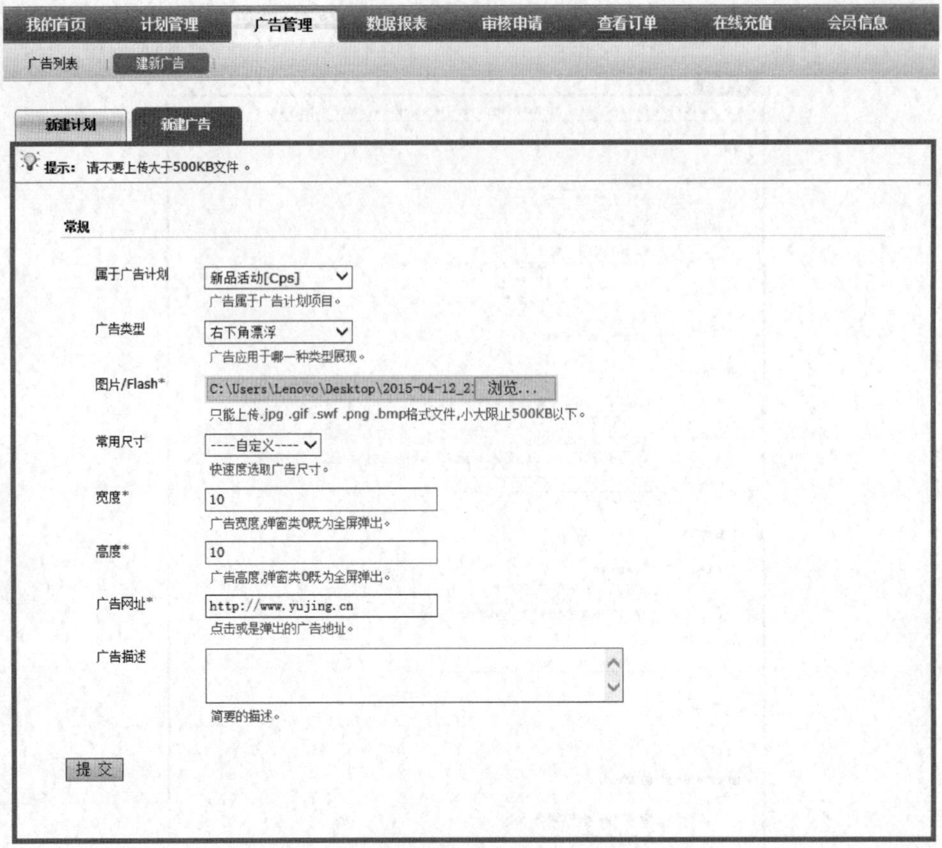

图5-25　设置广告

在所有信息填写好之后点击"提交"。这样一个 CPS 广告就发布好了。小李完成了该 CPS 广告发布后，网站主就会在广告联盟商看到小李发布的这条广告，网站主 B 看到小李的这条广告后，打算把小李公司的这条广告发布到自己网站上，网站主只需点击"获取代码"即可。（图 5-26）

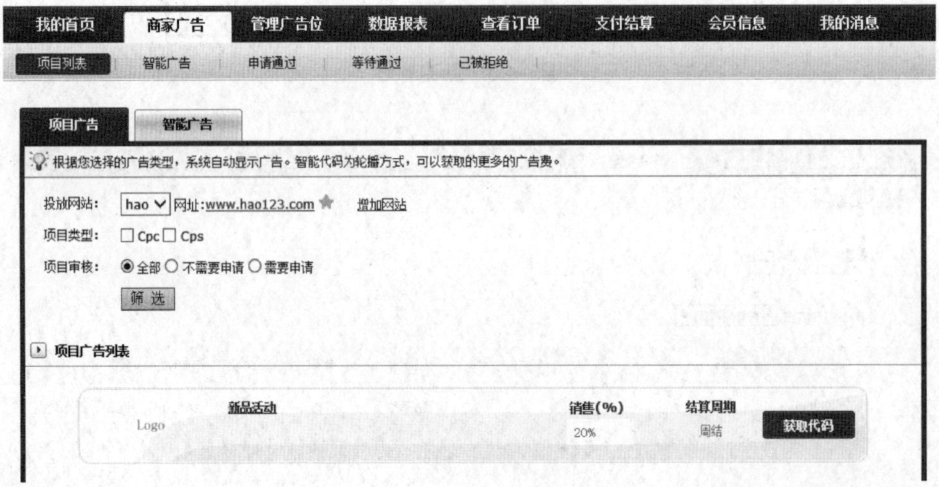

图5-26　提交广告

在获取代码页面，点击"复制代码"，这样该条广告代码复制成功，网站主 B 只需把该条代码加入自己网站代码中，这样小李公司的网络广告就在网站主 B 的网站上投放成功了。（图 5-27）

| 我的首页 | 商家广告 | 管理广告位 | 数据报表 | 查看订单 | 支付结算 | 会员信息 | 我的消息 |
|---|---|---|---|---|---|---|---|

| 广告位管理 | 广告位列表 | 新增网站 | 网站列表 | 获取代码 |
|---|---|---|---|---|

**获取代码**　查看广告位»

```
<script src="http://ad.yujing.cn/page/s.php?s=1&w=30&h=15"></script>
```

复制代码 复制成功，请将代码放置到你网页中。

**JS代码**

```
document.write('<script src="http://ad.yujing.cn/page/s.php?s=1&w=30&h=15"></script>');
```

复制代码

图5-27　获取代码

 活动评价

| 评 价 项 目 | 自 我 评 价 | | 教 师 评 价 | |
|---|---|---|---|---|
| | 小 结 | 评分（5分） | 小 结 | 评分（5分） |
| 1. 能掌握 CPC 广告的发布方法 | | | | |
| 2. 能掌握 CPS 广告的发布方法 | | | | |
| 3. 能掌握网站联盟平台的操作 | | | | |

## 练 习 题

一、单选题

1. 下列哪项是网络广告的特点？　　　　　　　　　　　　　　　　（　　）
　　A. 交互性　　　　　　　　　　　　B. 虚拟性
　　C. 客观性　　　　　　　　　　　　D. 主观性

2. 下列哪项不属于网络广告的价值？　　　　　　　　　　　　　　（　　）
　　A. 品牌推广　　　　　　　　　　　B. 销售促进
　　C. 在线调研　　　　　　　　　　　D. 客户服务

3. 下列哪项不属于网络广告的表现形式？　　　　　　　　　　　　（　　）
　　A. 文字广告　　　　　　　　　　　B. 图片广告
　　C. 墙体广告　　　　　　　　　　　D. 视频广告

4. 下列哪一项不属于网络广告的计费方式？　　　　　　　（　　）
    A. 按点击计费　　　　　　　　　　B. 按时间计费
    C. 按播放计费　　　　　　　　　　D. 按文字计费

5. 下列哪一项是广告发布平台？　　　　　　　　　　　　（　　）
    A. 门户网站　　　　　　　　　　　B. 论坛
    C. QQ　　　　　　　　　　　　　 D. 微博

6. 下列哪一项是按点击计费？　　　　　　　　　　　　　（　　）
    A. CPC　　　　　　　　　　　　　B. CPS
    C. CPM　　　　　　　　　　　　 D. CPA

7. 下列哪一个网站上不可以发布商业广告？　　　　　　　（　　）
    A. 新浪网　　　　　　　　　　　　B. 腾讯网
    C. 搜狐网　　　　　　　　　　　　D. 中国政府网

8. 下列哪一项不属于广告发布的步骤？　　　　　　　　　（　　）
    A. 新建计划　　　　　　　　　　　B. 新建邮件
    C. 新建广告　　　　　　　　　　　D. 编辑广告内容

## 二、多选题

1. 下列哪几项是网络广告的特点？　　　　　　　　　　　（　　）
    A. 交互性　　　　　　　　　　　　B. 实时性
    C. 针对性　　　　　　　　　　　　D. 范围广

2. 下列哪几项属于网络广告的价值？　　　　　　　　　　（　　）
    A. 品牌推广　　　　　　　　　　　B. 网站推广
    C. 在线调研　　　　　　　　　　　D. 客户维护

3. 下列哪几项属于网络广告的表现形式？　　　　　　　　（　　）
    A. 文字广告　　　　　　　　　　　B. 图片广告
    C. 视频广告　　　　　　　　　　　D. 气球广告

4. 下列哪几个属于门户网站？　　　　　　　　　　　　　（　　）
    A. 新浪网　　　　　　　　　　　　B. 搜狐网
    C. 腾讯网　　　　　　　　　　　　D. 百度

5. 下列哪几项是网络广告的计费形式？　　　　　　　　　（　　）
    A. CPS　　　　　　　　　　　　　B. CPC
    C. CPM　　　　　　　　　　　　 D. CPA

6. 下列哪几项不属于网络广告？　　　　　　　　　　　　（　　）
    A. 电视广告　　　　　　　　　　　B. 广播广告
    C. 报纸广告　　　　　　　　　　　D. 网页广告

7. 下列哪几项不是网络广告？　　　　　　　　　　　　　（　　）
    A. 肯德基官网上的商品图片海报
    B. 中国互联网络信息中心在网上发布的网络调查报告
    C. 网上看视频时前面的 60 秒广告
    D. 电视节目中插播的企业广告

8. 下列哪几项是广告发布的步骤？　　　　　　　　　　　　（　　　）

  A. 新建计划　　　　　　　　　　　　B. 新建广告

  C. 新建文件　　　　　　　　　　　　D. 新建图片

三、判断题

1. 销售促进是网络广告的价值。　　　　　　　　　　　　　（　　　）

2. 信息发布不是为了广告的价值。　　　　　　　　　　　　（　　　）

3. 网络广告不可以是纯文字的。　　　　　　　　　　　　　（　　　）

4. 网络广告可以实现文字、图片、视频的多个组合。　　　　（　　　）

5. 网络广告只能按点击计费。　　　　　　　　　　　　　　（　　　）

6. CPC 是按时间计费。　　　　　　　　　　　　　　　　　（　　　）

7. 企业可以通过广告联盟来发布广告。　　　　　　　　　　（　　　）

8. 门户网站不可以发布商业广告。　　　　　　　　　　　　（　　　）

四、案例思考

　　你的朋友圈、说说被代购刷屏了吗？你会选择哪家代购？从韩后、伊思蜗牛霜、雪花秀等韩国化妆品到魔法世家等中低端国货，从篮球鞋到衣服，你在这些广告的诱导下买了些什么？随着移动设备的发展，4G 时代的到来，以手机为代表的移动客户端软件慢慢充斥着各种广告，请思考网络广告的未来发展趋势是什么？

项目 **六** 站内优化

> **项目简介**

站内优化顾名思义就是指网站内部优化，即网站本身内部的优化，SEO 站内优化包括代码标签优化、内容优化和 URL 优化。在本任务中，我们将了解这 3 种优化的内容。

> **项目目标**

◎ 了解网站代码标签优化；
◎ 了解网站内容优化；
◎ 了解网站 URL 优化。

# 任务一　站内优化的内容

 **任务介绍**

在本任务中，我们将了解站内优化的三项内容：代码优化、内容优化和 URL 优化。

## 活动一　了解代码标签优化的内容

 **活动描述**

　　不断完善企业网站也是小李的工作之一。完善企业网站可以先从站内优化开始，站内优化不仅是指网站呈现良好的布局和设计、拥有能够吸引消费者的内容，还指代码标签、URL 的优化。在本项目中，我们将通过小李的几个站内优化工作实例，来学习 3 种站内优化的方法：代码标签优化、内容优化和 URL 优化。小李要进行站内优化的第一步就是先了解站内优化，知道什么是站内优化，站内优化又包含哪些内容。

**活动实施**

　　代码标签优化主要是指网站的三个标签（Title、Keyword、Description）。这三个标签是搜索引擎蜘蛛抓取网站首先要经过的路径，在网站中占有很大的比重，所以，合理设置标签对站内优化有很大的作用。

①打开一个网站，点击"查看"，选择"源"。（图 6-1）

图6-1　查看网站代码

②在源代码中，我们可以看到该网站的 Title、Decription、Keywords。（图 6-2）

```
1  <!DOCTYPE html PUBLIC "-//W3C//DTD XHTML 1.0 Transitional//EN" "http://www.w3.org/TR/xhtml1/DTD/xhtml1-transitional.dtd">
2  <html xmlns="http://www.w3.org/1999/xhtml">
3  <head>
4  <meta http-equiv="Content-Type" content="text/html; charset=gb2312" />
5  <title>Versace范思哲夏季童装大促销_玩物_onlylady女人志</title><meta name="Description" content="夏季大促销冬季也来凑热闹！Young Versace促销折扣开始热卖" />
6
7  <meta name="Keywords" content="Versace范思哲夏季童装大促销" />
8  <script type="text/javascript">
9  if(window.orientation!=undefined) {
10     var u_hash = window.location.hash ? window.location.hash : "none";
11     if(u_hash!="#ignor_auto" && window.location.host!="m."+channel+".com") {
12        window.location.href = "http://m.onlylady.com/shopping/2014/0724/3514988.shtml";
13     }
14  }
15  </script>
```

图6-2　查看网站代码

① Title，也就是标题，是在浏览器上面显示出来的，能起到方便用户了解这个页面的内容，特别是搜索引擎判断网页内容的主要根据的作用。搜索引擎就有很大部分是依靠网站 Title 来判断网站是关于什么内容的。

在网站建设初期，利用第一步统计分析的结果，挑选出几个最受用户欢迎的，同时竞争者数量并不多的关键词作为网页 Title 中的用词，利用一些虚词和语法形式将这些关键词串联起来，并形成一句较为通顺的语句。其中，Title 中词语应该紧扣网站建设主题，尤其是第一个词。

在网站运行期间，如果网站已经有一定的关键词排名，那么可以选择多考虑用户受欢迎因素，而可以稍微忽略竞争者的情况，但是这种情况是在该关键词的竞争者实力与自己相差不大的情况下进行的。

Title 中字符（数字、拉丁字符、标点符号、汉字等）数目在 25 到 33 之间最好。停顿之处使用英文输入法状态下的逗号。

② Keyword，即关键字，是网站内容的标签，合理的网站关键字更容易使网站被搜索引擎检索到。

一个网站建设的宗旨、服务类型、服务对象、所表达的主题思想，可以通过一系列的字、词或者词组进行简单表达。

在一个新网站刚成立时，确定其关键词有很多方式，第一种是通过浏览同类网站，借鉴其关键词的使用，并对所借鉴的关键词进行扩充；第二种是通过一定的调查手段，收集用户在检索相关主题时所使用的关键词。让所收集起来的关键词形成一个词表，并对该词表进行分析。分析的方法是调查这些关键词的用户使用情况（如百度指数）和竞争者数量（百度和 Google 收录量），利用统计手段进行分析。

在网站运行的过程中，关键词的确定应该是根据一定时期内，相关关键词的用户使用情况和竞争者数量来确定。密切跟踪关键词用户使用趋势，确定最适合的关键词。

关键词之间使用英文输入法状态下的逗号。

Keywords 使用的关键词的数量在 30 到 60 个之间。

③ Description，即网站描述，网站的描述标签就是网站关键字的详细描述，它包含了所要优化的关键词。对于首页来说，搜索引擎会正常抓取；对于内页来说，搜索引擎会根据用户搜索的关键字抓取源代码中接近搜索关键词的一段文字。而对用户来说，写一个好的描述标签更有利于提高网站的被点击率。Description 主要作用是对网页的内容进行一个简单的总结，以期尽量反映出网页的内容情况。因此，Description 应该是一段通顺、符合语言语法的段落。

在 Description 中选择那些紧靠网站主题、易受用户使用的关键词，并利用一些虚词和正确的语法形式，将其组织成一段通顺的段落。这个段落在用户阅读之后能够大概地了解该网页所表达的含义，同时又能够最大限度地包含与主题高度相关的关键词。Description 应注意文字的通顺连贯性，切忌关键词堆砌，字符数（数字、拉丁字符、标点符号、汉字等）在 80 到 100 之间。

## 活动评价

| 评 价 项 目 | 自 我 评 价 | | 教 师 评 价 | |
|---|---|---|---|---|
| | 小 结 | 评分（5分） | 小 结 | 评分（5分） |
| 1. 能知道代码的组成部分 | | | | |
| 2. 能知道如何查看网站代码 | | | | |
| 3. 能了解代码优化的内容 | | | | |

## 活动二　了解内容优化的内容

 活动描述

　　小李在了解了什么是代码优化后，接着学习什么是内容优化。内容优化也是网站优化的主要内容。内容优化需要不断更新网站内容和关键词，这样网站才更容易被搜索引擎抓取。

活动实施

　　网站内容优化是指网站中的信息、关键词的优化。

　　内容优化有以下两种方法：

### （1）及时更新文章，丰富网站内容，抢占更多关键词

　　持续更新的重要性体现在两个方面，以门户网站为例，门户网站推广排名好的秘诀正是新鲜、高质量的内容更新。不断添加的新鲜内容，使得门户网站有大量页面被搜索引擎收录，有机会抢占更多关键词；内容的高质量，又使得这些内容不断在站外被引用，提升了网站的权重。

### （2）合理使用关键字

　　① 关键词密度。

　　在搜索该关键词时返回的搜索结果排名中，这样的排名算法很快就被众多站长所利用，这个很好理解。早期的时候，搜索引擎认为关键词在文章中出现的词频越高，在某一文章中出现大量与之无关的关键词，该文章页面与这个关键词的相关性就越大，因此某一关键词在通篇文章中出现的次数百分比越高，该文章页面也将获得更好的排名。

　　关键词密度的正确理解：首页文章内容围绕关键词进行阐述撰写，目标关键字在文章中自然分布，不堆砌、不刻意，不影响阅读，关键词密度建议值为 2% ≤密度≤ 8%（数值仅供参考）。

　　② 文章头尾出现关键词。

　　通常情况下，特别是用关键词作为开头，文章的开头是搜索引擎蜘蛛最先读取的内容，所以这一部分相对来说权重略微高一些。文章末尾出现目标关键词也是公认的一种提高文章相关度的方法。在正文前 50 到 100 字内出现关键词，如此能有效地优化文章与之的相关性。此外，可能是出于绝大部分传统文章都会在结尾部分对整篇文章进行总结的缘故，即使是刻意在文章开头出现关键词也要秉着自然出现的原则。

　　③ 关键词形式变换。

　　文章可以适当地融入关键词的变化形式，也不失为一种优化文章关键词的方法。网站优化文章时出现关键词并不是所有关键词都非要以目标关键词的形式出现，通常还会为了使语句更为通顺而采用其他的关键词形式。通常关键词变化的形式包括同义词、近义词、对同一件事物不同说法的词等。

④ 关键词拆分。

尽量使被拆分的词中间间隔的文字数减少，也可以视作是关键词形式变换的一种。这个方法适用于关键词组，就拿关键词"优化文章"来说，除了以该形式出现之外，关键词以拆分的形式出现时还是要尽可能地保证被拆分关键词的临近度，还可以拆分成"网站优化某一篇文章"的形式出现。

 活动评价

| 评 价 项 目 | 自 我 评 价 | | 教 师 评 价 | |
|---|---|---|---|---|
| | 小 结 | 评分（5分） | 小 结 | 评分（5分） |
| 1. 能知道什么是内容优化 | | | | |
| 2. 能了解内容优化的项目 | | | | |
| 3. 能知道内容优化的技巧 | | | | |

**活动三　了解URL优化的内容**

 活动描述

小李在了解了什么是内容优化后，接着学习什么是 URL 优化。统一资源定位符（Uniform Resource Locator，URL）是对可以从互联网上得到的资源的位置和访问方法的一种简洁的表示，是互联网上标准资源的地址。互联网上的每个文件都有一个唯一的 URL，它包含的信息指出文件的位置以及浏览器应该怎么处理它。

活动实施

**1. URL的构成**

URL（Uniform Resource Locator）统一资源定位符也被称为网页地址，是因特网上标准的资源的地址。URL 一般由三个部分构成：

**（1）服务器标识符**

服务器标识符主要是用来确定将要访问的服务器的类型。URL 中服务器标识符主要有 HTTP：//、FTP：//、GOPHER：//、TELNET：//、NWES：// 等类型，分别表示指定服务器类型为采用超文本传输协议连接，采用文件传输协议连接，与 GOPHER 服务器连接，与 TELNET 会话连接，与 USENET 新闻组相连接。

**（2）信息资源地址**

信息资源地址是由两部分构成的，一是机器名称，如 www.hkkj.net 是用来指示资源所存在的机器；另一个是通信端口号（port number），是指在连接时所使用的通信端口号。端口是 Internet 用来辨别特定信息服务时用的一种软件标识，其设置范围是 0 到 65 535 之间的整数，一般情况下使用的都是标准端口号，不用写出。在需要特殊服务时会用到非标准端口号，这时就要写出，如 http: //www.hkkj.net: 80/。常见的 Internet 提供服务的端口号，如 HTTP 的标准端口号为 80，TELNET 的标准端口号为 23，FTP 的标准端口号为 21 等等。

**（3）路径名**

路径名是给出资源在所在机器上的完整文件名，一般情况下只有用户知道所要找的资源在什么地方时才会给出这个选项。

URL 在优化过程中也是非常重要的因素之一。URL 是网络定位的重要因素之一，URL 的好坏直接影响到网站优化的效果，因为网络上的资源都是通过 URL 联系在一起的从而形成了一张大网 Web。而搜索引擎就是通过这个网上的 URL 运行的，因此了解 URL 是什么意思，懂得 URL 的优化技巧对于网站优化是非常必要也是非常重要的。

## 2. URL 的优化

ULR 优化有 2 种优化方法：

**（1）URL 静态化**

现在的网站大多都是动态网页，这样在 URL 中就会出现很多动态的参数，对于 SEO 网站优化是非常不好的。因为搜索引擎蜘蛛对于动态参数的解读比较费劲，这样就让搜索引擎蜘蛛在抓取网页的时候需要花费更多的时间，而对于一个特定权重的网站搜索引擎所分配的时间是固定的，这样就是说我们网站的抓取页面要相对减少很多。从而严重影响到网站的收录情况，对于网站优化和网站推广就非常地不好。

**（2）URL 标准化**

URL 的标准化顾名思义主要是因为 URL 不标准而造成的。比如说一个网站的域名是 hkkj.net，而通常我们大家的习惯是用 www.hkkj.net，这样网站就有两个 URL，虽然我们看来这是一个网站的两个网址，而对于搜索引擎蜘蛛来说，会把它看成是两个完全不同的网站，从而造成大量重复内容的出现，而搜索引擎最不喜欢重复内容的出现。因此 URL 的不标准化在有时候会严重影响到 SEO 网站优化的效果。轻微的话就是影响网站收录和权重，在比较严重的情况下就会出现两个网站都被搜索引擎降权甚至惩罚。因此在 SEO 优化的过程中，URL 的标准化也是我们必须要考虑的因素之一。

活动评价

| 评 价 项 目 | 自 我 评 价 | | 教 师 评 价 | |
|---|---|---|---|---|
| | 小　结 | 评分（5分） | 小　结 | 评分（5分） |
| 1. 能了解什么是 URL 优化 | | | | |
| 2. 能说出 URL 优化的组成部分 | | | | |
| 3. 能知道 URL 优化的方法 | | | | |

# 任务二 站内优化方法

 任务介绍

　　站内优化是每个营销推广人员的必要工作，在进行营销推广时，必须不断优化自身网站才能使自己网站被更多的用户搜索到。在后台管理技术实现之前，站内优化需要技术人员从网站代码、网站程序、站内链接等技术层面来进行优化。随着计算机软件技术的不断发展，现在的站内优化已经实现了可以直接从软件层面进行，通过网站管理后台的步骤化操作实现网站的站内优化。在本任务中，我们将学习如何通过管理后台进行站内优化。

## 活动一 学习代码标签优化的方法

 活动描述

　　某天，小李接到一项任务，要对网站的代码标签进行一次优化。于是小李打开ECstore系统，开始对网站代码进行优化。

## 活动实施

　　代码标签有3种形式：固定标签、可变标签和混合标签。固定标签是指站内页面固定不变的标签，这部分标签不因页面的改变而改变。例如某网站的固定标签为网站名，打开该网站内的任一页面，该标签都存在；可变标签是指变化的标签，这部分标签会根据站内页面的变化而改变。例如，在某一网站内，每一页面的标签都不相同；混合标签是指同一页面上既有固定标签，又有可变标签。例如，在某购物网站中，打开一个商品页面，该商品页面的标签为"网站名+商品名"，其中网站名为固定标签，商品名为可变标签，每个商品页面的网站名相同，商品名不同。

　　通过以下案例，我们来学习这三种形式的代码标签的优化方法。

　　小李是一家电子商务企业的推广人员，有一天小李接到公司的3份推广优化任务，要求小李按照推广任务表中的内容进行站内优化。

　　任务一：（图6-3）

| 品牌列表页优化 | | | |
|---|---|---|---|
| 项目　　标签 | TITLE | KEYWORDS | DESCRIPTION |
| 固定标签 | 品牌名称 | 品牌名称 | 品牌名称 |
| 可变标签 | 无 | 无 | 无 |

图6-3 品牌列表页优化

① 登录 ECstore 系统，点击站点，选择"SEO 优化"。（图6-4）

图6-4　登录ECstore

② 在 SEO 网站优化列表中，找到品牌列表页，点击"查看"。（图6-5）

图6-5　查看品牌列表

③ 可以看到品牌列表页的代码标签。（图6-6）

图6-6　查看代码标签

④ 点击 TITLE 文本框，文本框下方出现可添加标签，点击"品牌"，文本框中出现该标签的代码 {ENV_brand_name}。（图 6-7）

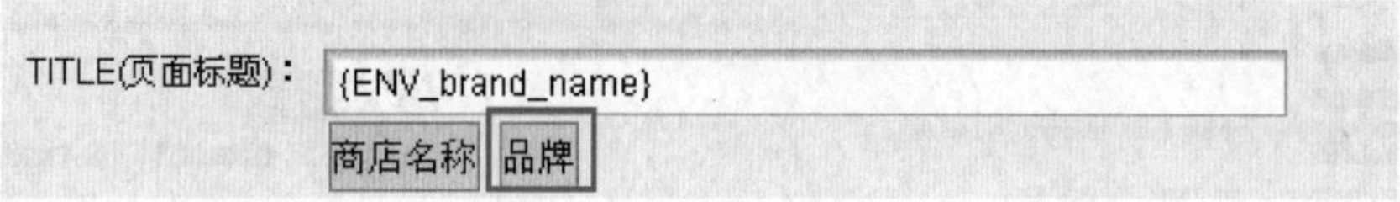

图6-7　修改代码

⑤ 把"brand"改为品牌名称"南极人"。（图 6-8）

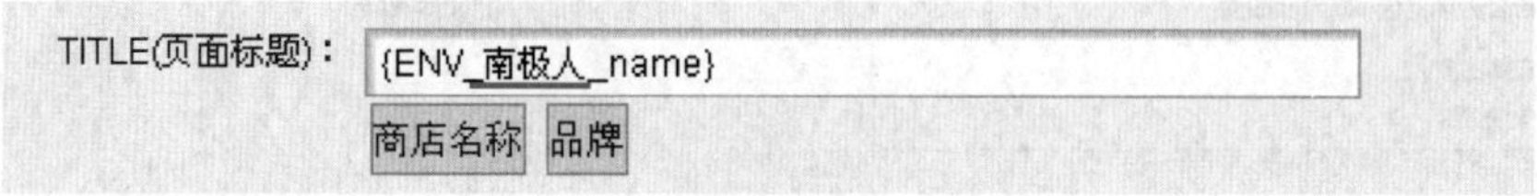

图6-8　修改代码

⑥ 同样，在 KEYWORDS 和 DESCRIPTION 中也添加"品牌"标签，并把代码中的"brand"改为公司的品牌名称"南极人"。（图 6-9）

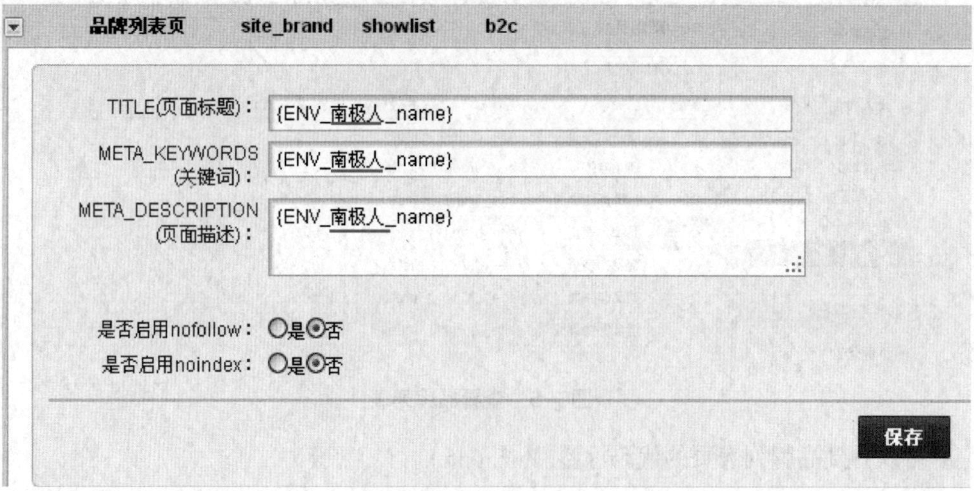

图6-9　修改代码

⑦ 点击保存。这样，品牌列表页面的固定标签"南极人"就设置好了。任务一完成。

**任务二：**（图 6-10）

| 赠 品 详 细 页 优 化 | | | |
|---|---|---|---|
| 项目　　标签 | TITLE | KEYWORDS | DESCRIPTION |
| 固定标签 | 无 | 无 | 无 |
| 可变标签 | 商品名 | 商品名 | 商品名 |

图6-10　赠品详细页优化

① 登录 ECstore 系统，点击站点，选择"SEO 优化"。（图 6-11）

图6-11  登录ECstore

② 在 SEO 网站优化列表中，找到赠品详细页，点击"查看"。（图 6-12）

图6-12  查看列表

③ 可以看到赠品详细页的代码标签，该代码页面是页面的默认设置。（图 6-13）

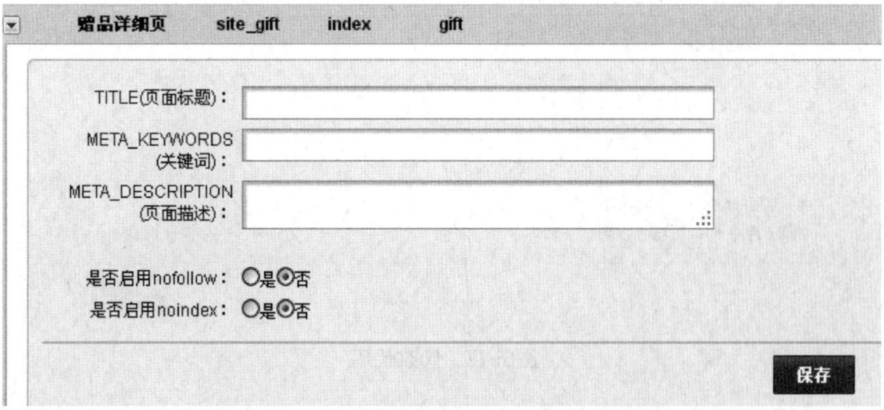

图6-13  修改代码

④ 点击 TITLE 文本框，文本框下方出现可添加标签，点击"商品名称"文本框中出现该标签的代码 {ENV_goods_name}。（图 6-14）

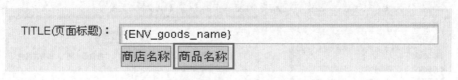

图6-14　修改代码

⑤ 同样，点击 KEYWORDS 文本框，文本框下方出现可添加标签，点击"商品名称"文本框中出现该标签的代码 {ENV_goods_name}。（图 6-15）

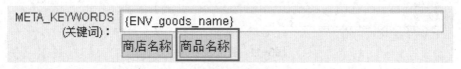

图6-15　修改代码

⑥ 同样，点击 DESCRIPTION 文本框，文本框下方出现可添加标签，点击"商品名称"文本框中出现该标签的代码 {ENV_goods_name}。（图 6-16）

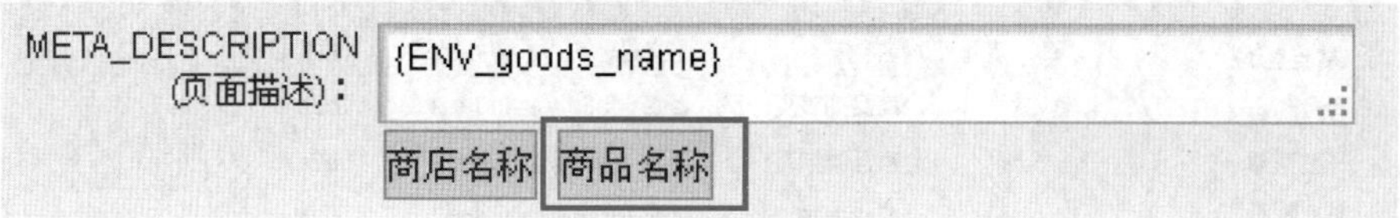

META_DESCRIPTION
（页面描述）：　{ENV_goods_name}

商店名称　商品名称

图6-16　修改代码

⑦ {ENV_goods_name} 为商品名称的可变标签，不同商品页面的标签不同。（图 6-17）

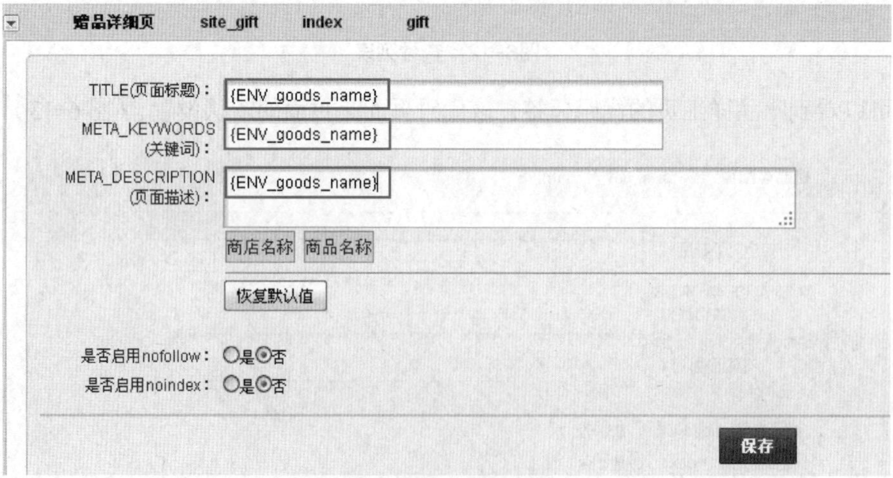

图6-17　修改代码

⑧ 点击"保存"，这样一个可变标签就设置好了，任务二完成。

任务三:（图6-18）

| 赠 品 列 表 页 优 化 | | | |
|---|---|---|---|
| 项目　　标签 | TITLE | KEYWORDS | DESCRIPTION |
| 固定标签 | 店铺名 | 无 | 店铺名称 |
| 可变标签 | 商品分类<br>搜索到的商品个数 | 商品分类 | 商品分类<br>商品类型 |

图6-18　赠品列表页优化

① 登录 ECstore 系统，点击站点，选择"SEO 优化"。（图 6-19）

图6-19　登录ECstore

② 在 SEO 网站优化列表中，找到赠品列表页点击"查看"。（图 6-20）

图6-20　查看列表

③ 可以看到赠品列表页的代码标签页面。（图 6-21）

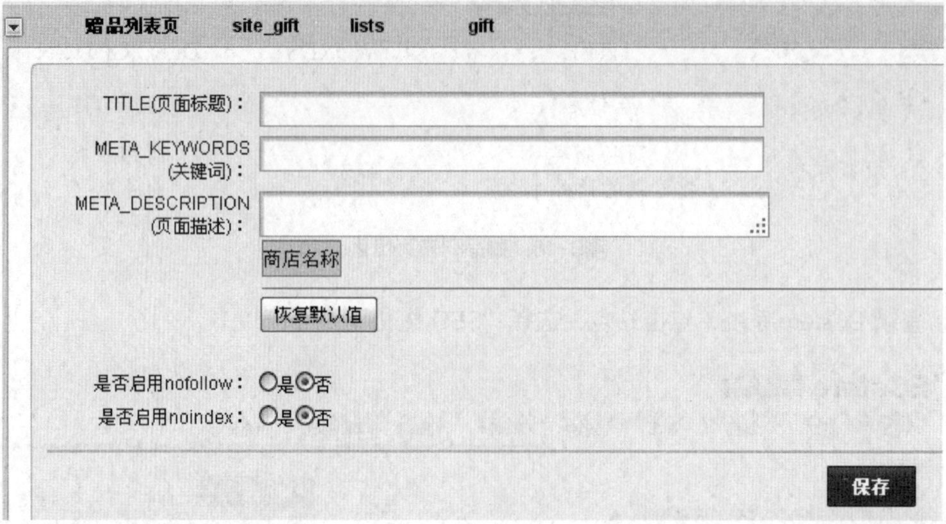

**赠品列表页　site_gift　lists　gift**

TITLE(页面标题)：

META_KEYWORDS
(关键词)：

META_DESCRIPTION
(页面描述)：

商店名称

恢复默认值

是否启用nofollow：○是 ◉否

是否启用noindex：○是 ◉否

保存

图6-21　修改代码

④ 在 TITLE 中，把店铺名称代码 {ENV_shop_name} 中的 "shop" 改成固定标签 "南极人"，商品分类可变标签 {ENV_goods_cat}，再点击文本框下面显示的可添加标签中的 "搜索到的商品个数" 标签，文本框中出现该标签的代码 {ENV_goods_cat}，这样 TITLE 中 1 个固定标签与 2 个可变标签就设置好了。（图 6-22）

TITLE(页面标题)：{ENV_南极人_name}{ENV_goods_cat}{ENV_search_num}

商店名称　搜索到的商品个数　商品分类　商品分类路径　商品类型

图6-22　修改代码

⑤ 在 KEYWORDS 中，点击文本框下方出现的可添加标签 "商品分类"，文本框中出现该标签的代码 {ENV_goods_cat}，这样 KEYWORDS 中的可变标签就设置好了。（图 6-23）

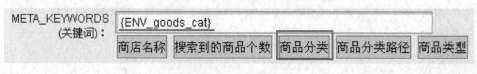

META_KEYWORDS
(关键词)：{ENV_goods_cat}

商店名称　搜索到的商品个数　商品分类　商品分类路径　商品类型

图6-23　修改代码

⑥ 在 DESCRIPTION 中，点击文本框下方的可添加标签 "商店名称"、"商品分类"、"商品类型"，文本框中出现了这 3 个标签的代码 {ENV_shop_name}{ENV_goods_cat}{ENV_goods_type}，把 {ENV_shop_name} 中的 "shop" 改成固定标签 "南极人"。这样 DESCRIPTION 中的 1 个固定标签和 2 个可变标签就设置好了。（图 6-24）

图6-24 修改代码

⑦ 设置好全部标签后，点击保存。任务三完成。（图 6-25）

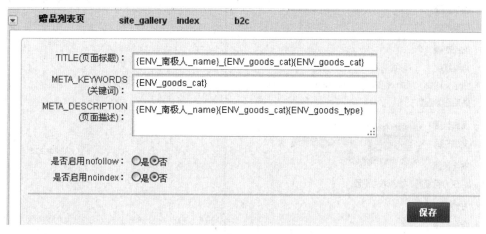

图6-25 修改代码

活动评价

| 评 价 项 目 | 自我评价 | | 教师评价 | |
|---|---|---|---|---|
| | 小 结 | 评分（5分） | 小 结 | 评分（5分） |
| 1.能了解代码标签优化的操作 | | | | |
| 2.能知道代码标签优化的内容 | | | | |
| 3.能找出恰当的关键词进行优化 | | | | |

## 活动二 学习内容优化的方法

活动描述

某天，小李接到一项任务，要对网站的内容进行一次优化。于是小李打开 ECstore 系统，开始对网站代码进行优化。

小李是一家电子商务销售企业的推广人员，2015年4月，小李接到一份推广任务：在网站发布一篇童装促销文章，并根据内容优化方法，对该文章进行优化。

以下是小李的优化过程：

① 小李登录 ECstore 系统，点击站点，选择"文章列表"。（图6-26）

图6-26　登录ECstore

② 进入文章列表页面，点击"添加文章"。（图6-27）

图6-27　查看列表

③ 填写文章标题，选择所属文章栏目，在文章内容文本框中编辑好文章内容，在 SEO 设置中，为该文章设置 SEO TITLE "范思哲童装促销"；SEO KEYWORDS "童装　促销范思哲"；SEO DESCRIPTION "Versace 范思哲夏季童装大促销"。最后，点击"保存并关闭窗口"。（图 6-28）

图6-28　优化内容

这样，一项网站内容优化就做好了。

活动评价

| 评 价 项 目 | 自 我 评 价 | | 教 师 评 价 | |
|---|---|---|---|---|
| | 小　结 | 评分（5分） | 小　结 | 评分（5分） |
| 1. 能了解内容优化的操作 | | | | |
| 2. 能知道内容优化的内容 | | | | |
| 3. 能找出恰当的关键词进行优化 | | | | |

## 活动三　学习URL优化的方法

### 活动描述

某天，小李接到一项任务，要对网站的 URL 进行一次优化。于是小李打开 ECstore 系统，开始对网站代码进行优化。

### 活动实施

小李是一家电子商务销售企业的推广人员，2015 年 4 月，小李接到一份推广任务：对网站网页进行 URL 标准化优化。

以下是小李的优化过程：

① 登录 ECstore 系统，点击站点。（图 6-29）

图6-29　登录ECstore

② 选自定义 URL，进入 URL 规则设置页面，点击"添加规则"。（图 6-30）

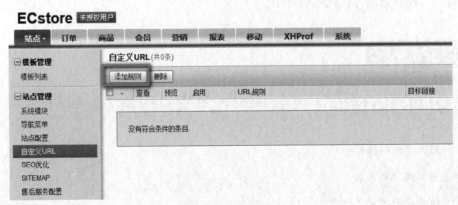

图6-30　添加规则

③ 进入添加规则页面，输入需要优化的原链接，再输入新链接，点击保存，这样一个站内 URL 规则就设置好了。（图 6-31）

| 添加规则 | ✕ |
| --- | --- |

原链接 (例 cart.html)：　training.ecserv.cn

新链接 (例购物车)：　www.training.ecserv.cn

启用：　◉是 ◯否

保存

图6-31　URL优化

## 活动评价

| 评 价 项 目 | 自 我 评 价 | | 教 师 评 价 | |
| --- | --- | --- | --- | --- |
| | 小 结 | 评分（5分） | 小 结 | 评分（5分） |
| 1. 能了解 URL 优化的操作 | | | | |
| 2. 能知道 URL 优化的内容 | | | | |
| 3. 能知道 URL 添加规则的操作 | | | | |

## 练习题

一、单选题

1. 下列哪项不是站内优化？　　　　　　　　　　　　　　　　　　　（　　）
　　A. 代码标签优化　　　　　　　　　　　B. 商品价格优化
　　C. 内容优化　　　　　　　　　　　　　D. URL 优化

2. 下列哪项属于网站代码？　　　　　　　　　　　　　　　　　　　（　　）
　　A. KEYWORD　　　　　　　　　　　　B. NAME
　　C. INTERNET　　　　　　　　　　　　D. FAME

3. 下列哪项不属于内容优化的内容？　　　　　　　　　　　　　　　（　　）
　　A. 网站新闻内容　　　　　　　　　　　B. 网站文章内容
　　C. 网站代码　　　　　　　　　　　　　D. 网站软文

4. 下列哪一项属于 URL 的优化方法？ （　　）
    A. 静态化                B. 文字化
    C. 动态化                D. 图片美化

5. 下列哪一项是内容优化方法？ （　　）
    A. 及时更新文章          B. 调整网站布局
    C. 上传商品              D. 在网站首页发布广告

6. 下列哪一项符合合理使用关键字要求？ （　　）
    A. 关键字密度适当        B. 关键字必须出现在标题中
    C. 关键字只能出现在文章中间   D. 关键字只能设置 1 个

7. 下列哪一项是 URL 的组成部分？ （　　）
    A. 服务器标识符          B. 标题
    C. 关键字                D. 属性

8. 下列哪一项不属于 URL 的组成部分？ （　　）
    A. 信息资源地址          B. 服务器标识符
    C. 描述                 D. 路径名

## 二、多选题

1. 下列哪几项是网站代码组成部分？ （　　）
    A. KEYWORD          B. DESCRIPTION
    C. TITLE                D. FAME

2. TITLE 中的字符数值可以设置为？ （　　）
    A. 26                 B. 28
    C. 30                 D. 40

3. KEYWORD 中的字符数值可以设置为？ （　　）
    A. 20                 B. 36
    C. 47                 D. 56

4. 下列哪几项属于合理使用关键字？ （　　）
    A. 关键字密度合理        B. 关键字形式变化
    C. 文章头尾出现关键字    D. 尽量多设置关键字

5. 下列哪几项是 URL 的组成？ （　　）
    A. 服务器标识符          B. 信息资源网址
    C. 路径名               D. 网站标题

6. 下列哪几项不属于 URL 的优化方法？ （　　）
    A. URL 标准化          B. URL 静态化
    C. URL 动态化          D. URL 变化

7. TITLE 中的字符可以包括？ （　　）
    A. 数字                B. 拉丁字符
    C. 标点符号            D. 汉字

8. TITLE 表达了什么信息？ （　　）
    A. 网站建设的宗旨        B. 服务类型
    C. 服务对象            D. 所表达的主题思想

三、判断题

1. TITLE 是网站内容的描述。                             （    ）

2. KEYWORD 是网站的关键字。                            （    ）

3. 标准化是 URL 优化的方法。                            （    ）

4. 动态化是 URL 的优化方法。                            （    ）

5. 网站优化只能通过修改编程代码实现。                   （    ）

6. 关键词的密度越高网站越容易被搜索引擎抓取到。          （    ）

7. 关键字的间隔需要使用中文状态下的逗号。             （    ）

8. 网站可以不设置 TITLE。                                 （    ）

四、案例思考

随着互联网的飞速发展，无论是企业还是个人，都开始向电子商务这个行业发展。电子商务不仅仅是建设网站，建设网站只是整个过程的开始。把网站建好了是第一步，更重要的事情是怎样把网站推出去，怎样让用户通过网站给企业带来收益，请查找有关资料，思考站内优化除了上文所讲的 3 点外，还有哪些方式？

**项目简介**

在本项目中，我们将学习站内营销的相关知识。站内营销包括团购、订单促销、商品促销、赠品营销和优惠券营销。本项目将详细讲解每种营销方式的特点和营销设置操作。

**项目目标**

◎ 了解团购活动的功能；
◎ 了解包邮营销的特点；
◎ 了解打折营销的特点；
◎ 了解赠品营销的特点；
◎ 了解优惠券营销的特点。

# 任务一 学习活动推广

 **任务介绍**

在本次任务中，我们将了解团购活动的基本情况，并学会如何进行团购活动的营销。

 **活动描述**

小李经过几年的努力工作，终于从一个营销推广专员成为网店的营销推广主管。2016年末，小李和上级领导一起制定出了2017年的营销活动规划，在该规划中，2017年，网店将会举办团购、订单促销、商品促销、赠品营销、优惠券营销等多项站内营销活动。在本活动中，我们将通过一些小李的站内营销工作实例来学习如何进行站内营销。

**活动实施**

**步骤一，了解团购活动**

大众点评、美团、百度团购等专门的团购发展得如火如荼之时，很多商家都在自己的网站或店铺中开始举办团购活动，以此来吸引喜欢团购的消费者。小李所在的网店也打算举办一次团购活动来促进网店的销售。

活动推广是指企业整合本身的资源，通过具有创意性的活动或事件，使之成为大众关心的话题并吸引媒体报道与消费者参与，进而达到提升企业形象以及促进销售的目的。而团购无疑就是电子商务企业最典型的活动推广。（图7-1）

图7-1　团购

"又好又要省钱"是自古以来永恒不变的一个生活准则，特别是在物价飞涨的今天，人们对购物、消费更是精打细算。因此我们在生活中常见身边的同事、同学或朋友一起去向同一个商家进行采购，以让商家提供更低的价格，这也就是最初形式的"团购"。

团购就是团体购物，指认识或不认识的消费者联合起来，加大与商家的谈判能力，以求得最优价格的一种购物方式。根据薄利多销的原理，商家可以给出低于零售价格的团购折扣和单独购买得不到的优质服务。团购作为一种新兴的电子商务模式，通过消费者自行组团、专业团购网站、商家组织团购等形式，提升用户与商家的议价能力，并极大程度地获得商品让利，引起消费者及业内厂商，甚至是资本市场关注。

对企业来说，一场成功的团购活动可以为企业带来好处：

（1）直接销售利益

举行团购活动，只有在参团人数达到企业设置的开团人数才会开团，一般成交率都能在80%以上，团购销售能为企业带来大量的商品销售利润。

（2）品牌推广

企业举办团购活动给出的价格通常都会比一般的销售价格低，在低价诱惑下，很多消费者都会关注此次团购活动，并了解企业或商品的详细信息，就算消费者最终没有参团，企业也达到了其品牌推广的目的。

（3）规模化销售

商家举办的团购活动一般都是针对某一具体商品的，而参团的消费者越多，该商品的销售规模越大。虽然团购价格较低，但是企业规模成本会随着参团人数的增加而降低，最终获得规模化销售利益。

**步骤二，了解团购活动的创建操作**

2017年5月，某服装类线上企业打算推出一项推广活动，推广企业的新品"东方骆驼立领夹克外套"，提高该商品的市场知名度，促进该商品的销售，于是企业推广工作人员小刘开始在网站上创建一个针对该商品的团购活动。下面是小刘的活动创建过程：

（1）创建活动

登录商城网站管理后台。点击"营销"，选择"团购活动列表"。（图7-2）

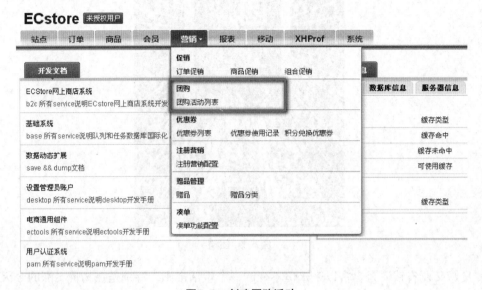

图7-2　创建团购活动

（2）设置活动内容

点击"添加团购活动"。（图7-3）

团购商品：点击下拉菜单，选择"东方骆驼立领夹克外套"该商品。

团购时：活动开始时间"2015-4-18"，活动结束时间"2015-4-20"。

初始销售量：1 500。

活动最少量：5 000。

活动最多量：10 000。

价格：99。

邮费优惠：选择"无邮费优惠"。

活动对象：选择"普通会员"、"黄金会员"、"白金会员"、"特殊贵宾"。

每人限购：2。

活动说明：东方骆驼立领夹克外套。

活动开启状态：选择"开启"。

最后点击"保存"，这样一个针对该商品的团购活动就创办好了。（图7-4）

（3）查看活动

点击"团购活动列表"，就可以看到之前创建的对"东方骆驼立领夹克外套"的团购活动。（图7-5）

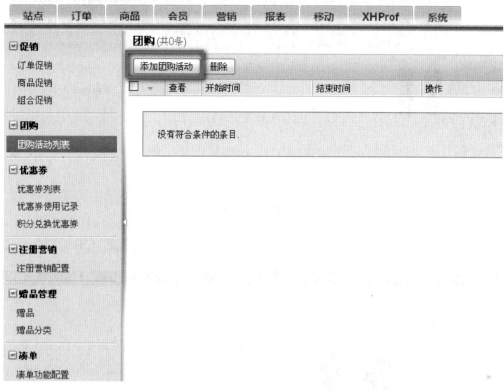

图7-3　设置团购活动

图7-4　编辑内容

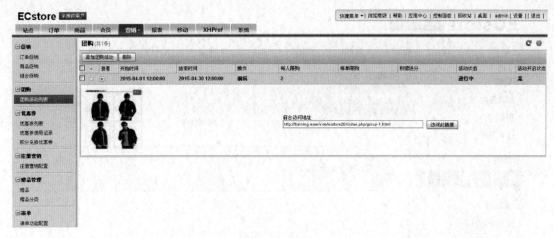

图7-5　查看

点击活动链接，也可以在商城页面看到该活动的详细商品介绍页面。（图 7-6）

图7-6　团购活动

| 评 价 项 目 | 自 我 评 价 | | 教 师 评 价 | |
|---|---|---|---|---|
| | 小　结 | 评分（5分） | 小　结 | 评分（5分） |
| 1.能知道团购的起源 | | | | |
| 2.能了解团购活动的优点 | | | | |
| 3.能掌握团购活动的创建操作 | | | | |

# 任务二　学习订单促销

**任务介绍**

在本任务中，我们将学习订单促销的相关知识，了解订单促销的特点，并学会进行订单营销。

**活动描述**

小李自己也喜欢在网上购买商品，她在进行网络购物时比较喜欢卖家给她包邮。包邮是很多卖家的优惠策略，对于买家来说包邮可以省去邮费，对于卖家来说包邮可以吸引更多有邮费顾虑的客户。在本任务中，我们将了解包邮营销的特点，并学习如何设置包邮营销活动。

**活动实施**

**第一步，了解订单包邮营销**

包邮促销也是商家最常用的降价类促销方式之一。它是指商家给消费者的订单免收邮费。其本质也相当于现金折扣。实行满减的站内营销策略的特点：

① 包邮的设定须符合店铺运营规则。消费者必须购买满一定的金额商家才会给消费者进行包邮优惠。

② 操作简单。包邮营销相对于现金折扣、现金满减计算较为简单。有时需要消费者再额外购买一部分的商品才能达到满减的条件，容易引起消费者的反感或产生一定的订单流失率。因此在设计促销活动时需要对店铺内的商品单价、商品类型综合考虑，使消费者更容易计算和选择。

**第二步，订单包邮设置**

2017年3月，A网站举办成立3周年优惠活动，打算给所有购买订单金额满39元的客户包邮。小李在网站的管理后台设置这项包邮活动。

小李登录网站管理后台页面，选择营销中的订单促销，进入到订单促销活动管理页面。（图7-7）

点击添加规则，进入到规则详情设置页面。小李设置一个订单优惠活动需要完成以下三个步骤。

**（1）设置订单促销规则**

首先填写订单促销优惠规则，在规则名称栏里输入"满39元包邮"，规则描述里输入"店庆一周年，所有订单满39元享受包邮优惠"，启用状态勾选"是"，优先级填写最高的有限指数"50"，设置开始时间为"2017-3-1 00：00"，结束时间"2017-6-1 00：00"，会员级别勾选所有的会员级别。（图7-8）

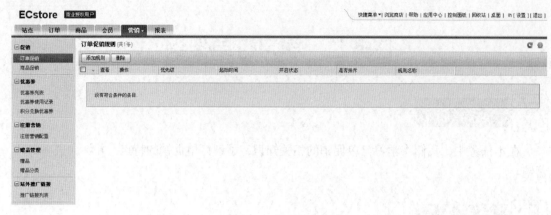

图7-7　订单促销规则

图7-8　订单促销规则设置

这样活动促销规则就设置好了。

（2）设置订单优惠条件

点击优惠条件，进入优惠条件设置页面，在模板列表中勾选"当订单商品总价满 X 时，对所有商品优惠"，在显示的"订单价额满"输入栏中输入"39"。（图 7-9）

这样优惠条件就设置好了。

（3）选择订单优惠方案

点击优惠方案，进入到优惠方案设置页面，在模板列表中勾选"订单免运费"。（图 7-10）

最后点击"保存并关闭窗口"，这样一个订单满一定金额的包邮活动就设置好了。

## 实战训练

创建一个订单满 100 元包邮的活动规则。

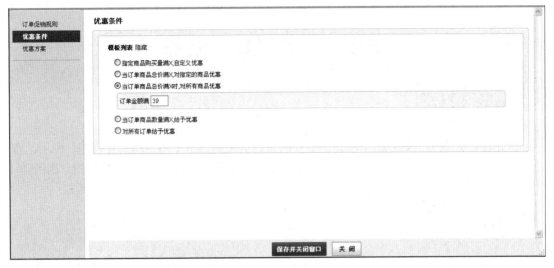

图7-9　优惠条件设置

图7-10　优惠方案选择

| 评 价 项 目 | 自 我 评 价 | | 教 师 评 价 | |
|---|---|---|---|---|
| | 小　结 | 评分（5分） | 小　结 | 评分（5分） |
| 1.能知道订单包邮的特点 | | | | |
| 2.能进行订单包邮设置 | | | | |
| 3.能进行订单包邮营销 | | | | |

# 任务三　学习商品促销

 任务介绍

　　折扣往往是吸引消费者参与活动的主要因素，卖家通过给予一定的折扣优惠，吸引消费者购买更多的商品。在本任务中我们将了解折扣营销的特点，并学习如何设置折扣营销活动。

 活动描述

　　某天，小李接到上级分配的一项任务：设置一项订单包邮营销活动。于是小李开始登录 ECstore，打算设置一项包邮活动。设置包邮活动前，小李已经充分了解了包邮活动的优点。在本活动中，我们将通过小李的学习过程，了解订单包邮活动。

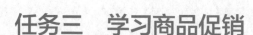 活动实施

### 步骤一，了解订单包邮

　　折扣销售实质是卖方给买方的价格优惠，是仅限于货物价格的商业折扣。这种方式往往是相对短期的、有特殊条件和临时性的。比如批量折扣、一次性清仓折扣等。

　　折扣营销的特点有：

**（1）活动的短期性**

　　折扣营销不是一项长期的营销活动，只适合短期进行。

**（2）特殊条件性**

　　打折是针对某种特殊商品、某种特殊事件、某个特殊节日等，例如换季商品打折促销，国际邮费下降海外商品促销，国庆节促销等。

**（3）临时性**

　　打折是根据企业发展过程遇到的各种临时状况而进行的，不是一种长期的、有目标的发展策略。

　　双十一期间参加 5 折包邮的商家品牌超过 1 万家，商品类目丰富，并且商家都打出了五折销售的口号，这吸引了更多的消费者参加"双十一"营销活动，也容易使消费者产生冲动消费，消费者平时可能有一些想买但是又犹豫的商品，在商家 5 折巨大价格诱惑下，会决定下单，完成购买行为。（图 7-11）

　　降价、打折会给予消费者最直观的刺激。打折从来都是吸引消费者最棒、最直观的营销手段，能够最大限度地给消费者带来显而易见的优惠。适用于绝大多数的消费者，直接刺激消费者心理，最能为消费者带来心理满足感。实行打折的站内营销策略的特点：

　　① 折扣力度一定要大。对于通常的商品来说，折扣力度大的促销活动才能引起更多消

图7-11　双十一打折促销

费者的关注。当然这需要根据商品的类目进行细分，例如：日用百货、服装类设置3折、5折的力度效果最好，但3C数码类商品肯定无法做到这么低的折扣，一般设置为8折、9折。

②打折活动标题要醒目。比如五一节促销、双十一促销、0元购等活动字眼，让消费者产生购买欲。

③这种促销方式操作简单，不需要复杂的操作流程和繁琐的组织工作。但现金折扣容易造成商家的利润减少，压低市场整体价格，也可能给消费者带来非折扣不买的心理。

### 步骤二，打折营销活动设置

A网站是一家经营女鞋、女包、饰品、女装和护肤品的独立购物网站。每年的11月11日，天猫、京东等网站都实行双十一五折优惠，A网站也打算在双十一时实行部分商品五折优惠活动，吸引打算在双十一买东西的客户。A网站营销推广主管小李需要在网站后台设置这部分五折优惠商品的促销活动。

小李登录网站后台管理页面。选择营销中的商品促销。（图7-12）

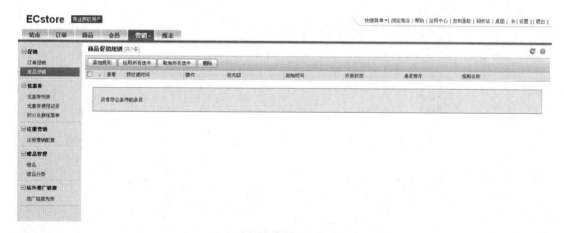

图7-12　商品促销规则

点击"添加规则"进入到活动详情设置页面，小李需要通过以下3个步骤来完成商品促销活动的设置。

### （1）设置商品促销规则

在规则名称栏输入"双十一五折优惠"，在规则描述栏输入"双十一部分商品五折优惠"，在启用状态中勾选"是"，优先级输入最高优先值"50"，设置开始时间和结束时间，

会员级别勾选所有会员。(图7-13)

这样一个商品促销规则就设置好了。

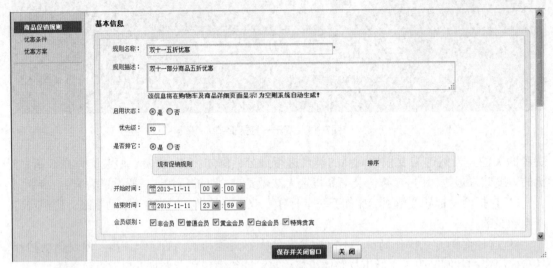

图7-13  促销规则设置

**(2)设置优惠条件**

①点击左侧的优惠条件，进入到优惠条件设置页面，在优惠条件模板列表中，勾选"指定商品"，在下来选项设定中选择"所有规则"，符合条件选择"符合"，商品归属选择"包含"。(图7-14)

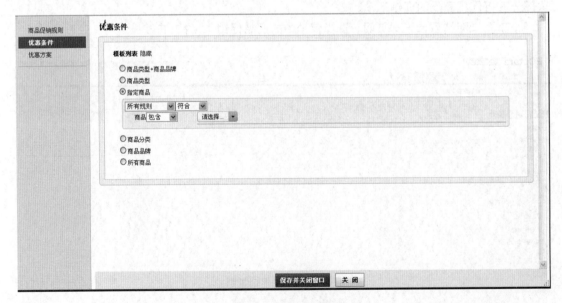

图7-14  优惠条件设置

②然后点击"请选择"的下拉三角按钮，弹出商品选择列表页面。(图7-15)

③勾选要打五折的商品，点击"确定"，返回到优惠条件设置页面，此时，选择的商品就会显示在优惠条件页面。(图7-16)

这样优惠条件就设置好了。

图7-15 优惠商品选择

图7-16 优惠条件设置

**（3）选择优惠方案**

① 点击页面左侧的优惠方案，进入到优惠方案模板选择页面，在模板列表中勾选"符合条件的商品以固定折扣出售"，并在下面的商品折扣中，输入"50"，这样这部分商品就会按照原价的50%出售，即打五折。（图7-17）

图7-17　优惠方案选择

这样优惠方案就设置好了。

②点击"保存并关闭窗口"，这样小李就设置好了一个双十一的部分商品五折优惠活动。（图7-18）

图7-18　商品促销规则列表

 活动评价

| 评价项目 | 自我评价 | | 教师评价 | |
|---|---|---|---|---|
| | 小　结 | 评分（5分） | 小　结 | 评分（5分） |
| 1. 能知道订单包邮活动的特点 | | | | |
| 2. 能设置订单包邮活动 | | | | |
| 3. 能进行包邮营销 | | | | |

# 任务四　学习赠品营销

### 任务介绍

赠品营销在实际的应用中是非常地常见，例如买冰箱送保鲜盒，买手机送话费等，很多消费者在购物时都喜欢选择有赠品的商品。在本任务中，我们将了解赠品营销的分类和特点，并学习如何设置赠品营销活动。

### 活动描述

　　小李是一名资深网购达人，她在网上购物时经常会收到卖家赠送的小礼物。附送赠品的营销方式叫做赠品营销。小李现在作为一名营销推广人员，她也想学习学习如何进行赠品营销。在本活动中，我们将通过小李的学习过程了解如何进行赠品营销。

### 活动实施

#### 步骤一，了解赠品营销的分类

赠送礼品促销按照赠送的形式不同，主要有以下 3 种类别：

① 满额送礼品：指消费者付款达到一定的金额后，可以额外获得一份或几份礼品；

② 购买指定商品赠送礼品：消费者购买指定的商品后，可以额外获得一份或几份礼品；

③ 针对会员或已产生的购买订单赠送礼品：商家可以根据会员或者现已产生的购物订单，对消费者发放礼品。

赠送的礼品一般称之为赠品，相比较而言，满额赠品和指定商品的赠品价值较高，赠品促销是相对古老的也是最广泛的促销手段之一。

#### 步骤二，了解赠品营销的特点

实行赠送礼品的站内营销策略的特点：

① 赠品促销容易使人产生满足感，或是给消费者意外的惊喜，即使有时赠送的奖品没有多大用处，但仍旧会给消费者带来心理上的愉悦。

② 赠品与主商品有一定的关联性，能与竞争对手形成差异化。例如，销售主商品为 iPhone5s 手机，赠品的种类非常多，并且每一件赠品与主商品都有关联，称之为配件礼包。例如手机壳 / 手机套可以与手机配套使用，耳机、手机支架的配件为该手机增加了附加价值等。

③ 企业、商家选择赠送赠品体现了对消费者的关怀，所以使用率要高。例如：买高跟鞋送半码垫、买键盘送键盘膜，这样的赠送行为既能够体现商家的用心，又是对消费者情感的维系。

④ 赠品不能喧宾夺主，赠品永远是为衬托、宣传主商品而设计的，主要体现在价格搭配。赠品的价格要比主商品低，拉开价格距离。如果价格接近或者赠品价格超过主商品，将会使消费者对主商品的质量产生怀疑。

⑤ 强化赠送的概念，赠品是附加值的体现。强调"免费"的概念，把"买了才能送"变为"不但买到了实惠，还能获得赠品"。

⑥ 随意赠送的赠品不能太过于简易，否则无法为消费者带来良好的体验。例如以下两种情况：a. 消费者会觉得赠品的价值是不是包含在购买的商品里面了呢，那么宁愿不要赠品，便宜几块钱就好。b. 送给消费者的赠品对于消费者来说没有任何价值，不明白为什么送，最后只会被随意丢弃。

降价和增值都是体现了商品的性价比：性价比 = 性能 / 价格。在商品价格不变的前提下，降价和赠品则提高了商品的性能。性价比高的商品往往给消费者物超所值的感觉，消费者选择度高。当然，开展促销活动时也需要进行成本核算，而不是一味地降价、赠送，甚至长期亏本地做促销。卖家要关注利润率，选择做促销的正确时机，选择醒目的标题，注意把握活动的节奏和周期，在吸引消费者访问量的同时做好转化率，从而提高企业利润。

### 步骤三，赠品营销实施

2017 年 5 月，小李所在的网店打算给所有购买商品的贵宾客户赠送一个芳草集绿茶小米草美眼胶，这样只要有贵宾客户购买商品，网站就会在客户的订单中自动添加一份赠品，并发送给客户。小李需要在网站管理后台页面设置这次赠品活动。

小李登录网站管理后台，选择营销中的赠品选项，进入到赠品管理页面。（图 7-19）

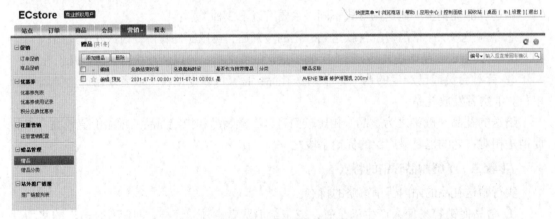

**图7-19 赠品管理**

点击添加赠品，进入到赠品添加页面。（图 7-20）

点击商品名称后面的选择三角按钮，进入到商品选择列表，勾选要赠送的商品，点击确认。（图 7-21）

选择所属分类"小样"，在是否发布勾选"是"，所需兑换积分输入"100"，设置兑换起始时间和兑换终止时间，会员勾选所有会员级别，排序设置为"1"，每人限购的数量设置为"1"，描述输入"10月会员购买任意产品即送价值39元的芳草集绿茶小米美眼胶"，然后勾选是否作为赠品。（图 7-22）

点击“保存并关闭窗口”，返回到赠品活动管理页面，这样一个赠品活动就设置好了。（图 7-23）

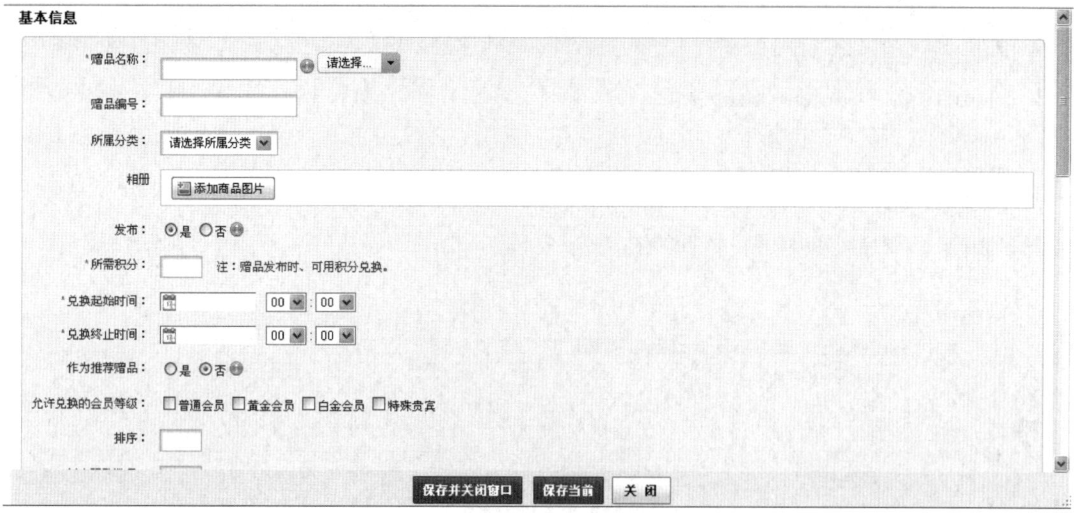


图7-20　赠品设置

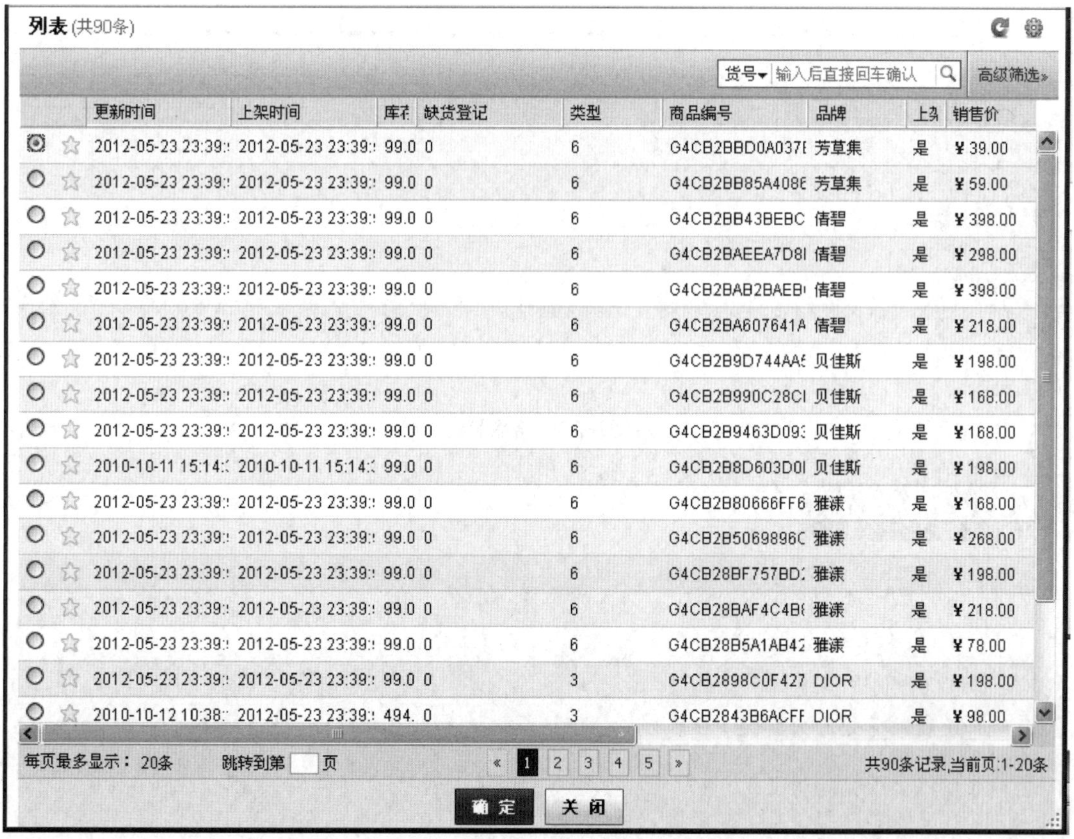


| 更新时间 | 上架时间 | 库存 | 缺货登记 | 类型 | 商品编号 | 品牌 | 上架 | 销售价 |
|---|---|---|---|---|---|---|---|---|
| 2012-05-23 23:39: | 2012-05-23 23:39: | 99.0 | 0 | 6 | G4CB2BBD0A037 | 芳草集 | 是 | ¥39.00 |
| 2012-05-23 23:39: | 2012-05-23 23:39: | 99.0 | 0 | 6 | G4CB2BB85A408 | 芳草集 | 是 | ¥59.00 |
| 2012-05-23 23:39: | 2012-05-23 23:39: | 99.0 | 0 | 6 | G4CB2BB43BEBC | 倩碧 | 是 | ¥398.00 |
| 2012-05-23 23:39: | 2012-05-23 23:39: | 99.0 | 0 | 6 | G4CB2BAEEA7D8 | 倩碧 | 是 | ¥298.00 |
| 2012-05-23 23:39: | 2012-05-23 23:39: | 99.0 | 0 | 6 | G4CB2BAB2BAEB | 倩碧 | 是 | ¥398.00 |
| 2012-05-23 23:39: | 2012-05-23 23:39: | 99.0 | 0 | 6 | G4CB2BA607641A | 倩碧 | 是 | ¥218.00 |
| 2012-05-23 23:39: | 2012-05-23 23:39: | 99.0 | 0 | 6 | G4CB2B9D744AA | 贝佳斯 | 是 | ¥198.00 |
| 2012-05-23 23:39: | 2012-05-23 23:39: | 99.0 | 0 | 6 | G4CB2B990C28C | 贝佳斯 | 是 | ¥168.00 |
| 2012-05-23 23:39: | 2012-05-23 23:39: | 99.0 | 0 | 6 | G4CB2B9463D09 | 贝佳斯 | 是 | ¥168.00 |
| 2010-10-11 15:14: | 2010-10-11 15:14: | 99.0 | 0 | 6 | G4CB2B8D603D0 | 贝佳斯 | 是 | ¥198.00 |
| 2012-05-23 23:39: | 2012-05-23 23:39: | 99.0 | 0 | 6 | G4CB2B80666FF6 | 雅漾 | 是 | ¥168.00 |
| 2012-05-23 23:39: | 2012-05-23 23:39: | 99.0 | 0 | 6 | G4CB2B5069896C | 雅漾 | 是 | ¥268.00 |
| 2012-05-23 23:39: | 2012-05-23 23:39: | 99.0 | 0 | 6 | G4CB28BF757BD | 雅漾 | 是 | ¥198.00 |
| 2012-05-23 23:39: | 2012-05-23 23:39: | 99.0 | 0 | 6 | G4CB28BAF4C4B | 雅漾 | 是 | ¥218.00 |
| 2012-05-23 23:39: | 2012-05-23 23:39: | 99.0 | 0 | 6 | G4CB28B5A1AB4 | 雅漾 | 是 | ¥78.00 |
| 2012-05-23 23:39: | 2012-05-23 23:39: | 99.0 | 0 | 3 | G4CB2898C0F427 | DIOR | 是 | ¥198.00 |
| 2010-10-12 10:38: | 2012-05-23 23:39: | 494. | 0 | 3 | G4CB2843B6ACF | DIOR | 是 | ¥98.00 |



图7-21　赠品选择

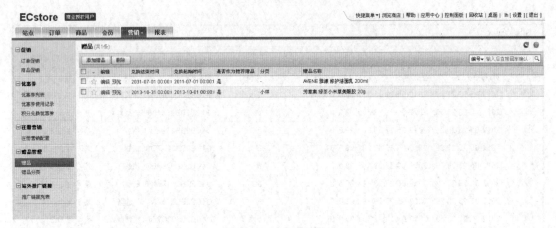

图7-22 赠品信息设置

图7-23 赠品管理

## 活动评价

| 评 价 项 目 | 自 我 评 价 | | 教 师 评 价 | |
|---|---|---|---|---|
| | 小 结 | 评分（5分） | 小 结 | 评分（5分） |
| 1. 能知道赠品营销的分类 | | | | |
| 2. 能了解赠品营销的特点 | | | | |
| 3. 能掌握赠品营销的设置操作 | | | | |

# 任务五　学习优惠券营销

 任务介绍

在众多的促销手段中，优惠券的运用被认为是范围最广、成效最显著的方式之一。在美国，根据尼尔森促销顾问公司的研究调查报告显示，1998 年在美国市场上的优惠券价值超过 2 000 美元，且此数字仍在逐年递增。此外，愿意使用优惠券的人群比例也在迅速增长。在本任务中，我们将了解优惠券的分类和优惠券营销的特点，并学习如何设置优惠券。

 活动描述

某天，小李接到一项上级分配的任务，让她举办一次优惠券营销活动。接到这个任务后，小李在网店管理后台 ECstore 上开始了优惠券营销设置。要掌握优惠券营销的设置，首先需要了解优惠券营销，在本活动中，我们将学习优惠券营销的分类、特点和设置。

活动实施

**步骤一，了解优惠券营销的分类**

根据商家指定赠送礼券的方式不同，主要有三种礼券赠送方式：

① 满额送礼券：指消费者付款达到一定的金额后，可以额外获得抵扣一定金额的赠券；

② 购买指定商品送礼券：指消费者购买指定商品，可以额外获得一定金额的赠券；

③ 针对会员赠送礼券：针对会员不定期地发放小额的赠券。

赠送礼券促销给予客户的体验类似于折扣，容易被消费者接受。消费者收到礼券后会产生下次购物的欲望，由于礼券都是有时间限制的，在条件限制下消费者又会产生冲动消费。

**步骤二，了解优惠券营销的特点**

实行发放优惠券的站内营销策略的特点：

① 对于商家来说，发放礼券比现金折扣要划算，区别在于消费者第一次支付原价金额后再得到赠送礼券，而现金折扣则支付的是打折后的金额。

② 礼券又可以拉动消费者的二次消费，即增加了同一个消费者的重复购买率，拉动了新客户的随机购买率，从而提高购买转化率，提升了消费者对于购物网站或店铺的粘连度。

③ 满额赠礼券的计算方法同现金满减的方法相同，通过分析网站订单和客户单价得出合理的标准。

**步骤三，了解优惠券营销的设置**

2017 年中秋节，A 网站打算推出一个满减活动，中秋节当天消费者在网站首页领取优惠券，购买商品满 300 就可以减 50 元，于是小李就需要在网站管理后台设置优惠券，以供消

费者领取使用。

① 小李登录网站管理后台，选择营销中的优惠券列表。进入到优惠券管理页面。（图7-24）

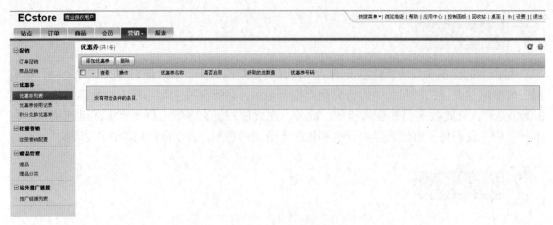

图7-24 优惠券管理

② 点击"添加优惠券"，进入到优惠券设置页面。输入优惠券名称"满300减50"，设置优惠券号码为"10000111"，优惠券状态勾选"启用"，排他性勾选"是"，这样消费者就不能叠加使用店铺其他优惠。优惠券类型勾选"A类优惠券"，活动描述输入"中秋节期间，使用该优惠券，购物满300立减50"，设置开始时间和结束时间，会员级别勾选所有会员级别。（图7-25）

图7-25 优惠券内容设置

③ 点击下一步进入到优惠条件设置页面，在优惠条件模板列表中，勾选"当订单商品总价满X时，对所有商品优惠"，在金额栏中输入"300"。（图7-26）

图7-26 优惠条件选择

④ 点击下一步，进入到优惠方案设置页面，在优惠方案模板列表中，勾选"订单送优惠券"，在下方点击下拉三角按钮，选择优惠券。（图 7-27）

图7-27 优惠方案选择

⑤ 在弹出的优惠券列表中，小李勾选在第一个步骤中设置好的优惠券。（图 7-28）

图7-28 优惠券选择

⑥ 点击"确认"，这样一个优惠券活动就设置好了。（图 7-29）

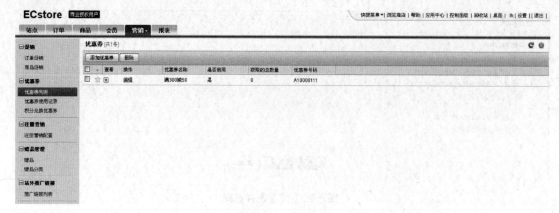

图7-29　优惠券

| 评 价 项 目 | 自 我 评 价 | | 教 师 评 价 | |
|---|---|---|---|---|
| | 小　结 | 评分（5分） | 小　结 | 评分（5分） |
| 1. 能知道优惠券营销的分类 | | | | |
| 2. 能了解优惠券营销的特点 | | | | |
| 3. 能掌握优惠券营销的设置操作 | | | | |

## 练 习 题

一、单选题

1. 下列哪项不是团购网站？　　　　　　　　　　　　　　　　（　　）

　　A. 百度外卖　　　　　　　　　　　B. 糯米团

　　C. 大众点评　　　　　　　　　　　D. 美团

2. 下列哪项属于团购的功能？　　　　　　　　　　　　　　　（　　）

　　A. 销售利益　　　　　　　　　　　B. 媒体公关

　　C. 危机公关　　　　　　　　　　　D. 客户管理

3. 下列哪项不属于订单促销？　　　　　　　　　　　　　　　（　　）

　　A. 订单包邮　　　　　　　　　　　B. 订单满减

　　C. 订单满送　　　　　　　　　　　D. 商品折扣

4. 下列哪一项属于打折营销的特点？　　　　　　　　　　　　（　　）

　　A. 折扣标题要显眼　　　　　　　　B. 折扣价低于成本价

　　C. 折扣依据消费者喜好　　　　　　D. 折扣

5. 下列哪一项是赠品营销的类别？ （　　）

    A. 满额送礼品                  B. 包邮送礼品

    C. 评价送礼品                  D. 好评送礼品

6. 下列哪一项是赠品营销的特点？ （　　）

    A. 赠品要相关联               B. 赠品要便宜

    C. 赠品数量要多               D. 赠品可以使用任何商品

7. 下列哪一项是优惠券的类别？ （　　）

    A. 满额送礼券                 B. 邮费送礼券

    C. 会员免邮                    D. 会员节日优惠

8. 下列哪一项是优惠券的特点？ （　　）

    A. 拉动二次消费               B. 降低成本

    C. 增加利润                   D. 增加销售渠道

## 二、多选题

1. 下列哪几项是团购的功能？ （　　）

    A. 商品销售                   B. 规模营销

    C. 口碑营销                   D. 客户维护

2. 下面哪几个是团购网站？ （　　）

    A. 饿了么                    B. 美团

    C. 大众点评                   D. 拉手网

3. 下面哪几项是包邮营销的特点？ （　　）

    A. 包邮规则设定               B. 操作简单

    C. 计算复杂                   D. 优惠幅度大

4. 下列哪几项属于打折营销的特点？ （　　）

    A. 临时性                    B. 长期性

    C. 短期性                   D. 特殊条件性

5. 下列哪几项是打折营销的内容？ （　　）

    A. 新品八折                   B. 换季产品五折

    C. 买鞋子送袜子               D. 国庆节期间所有商品 7 折优惠

6. 下列哪几项属于赠品营销的类别？ （　　）

    A. 满 100 送试用装           B. 买新品送挂饰

    C. 会员购物享受积分         D. 会员享受会员价格

7. 赠品营销的特点包括？ （　　）

    A. 赠品与商品具有关联性      B. 赠品具有使用价值

    C. 赠品一定是便宜的         D. 赠品给消费者满足感

8. 优惠券的类别包括？ （　　）

    A. 满额送礼券                 B. 买指定商品送礼券

    C. 会员送礼券               D. 会员等级卡

### 三、判断题

1. 客户维护是团购的功能。　　　　　　　　　　　　　（　　）
2. 团购可以实现规模销售。　　　　　　　　　　　　　（　　）
3. 包邮可以有订单包邮或商品包邮。　　　　　　　　　（　　）
4. 包邮不必遵守一定规则。　　　　　　　　　　　　　（　　）
5. 打折活动是企业的一项长期营销活动。　　　　　　　（　　）
6. 临时性是打折营销的特点。　　　　　　　　　　　　（　　）
7. 赠品可以是没有使用价值的物品。　　　　　　　　　（　　）
8. 一项优惠券可以长期领取和使用。　　　　　　　　　（　　）

### 四、案例思考

　　自从几年前团购网站一拥而上后，短短一段时间里，团购就已经改变了不少人的消费习惯。有段时间甚至出现了当人们见面时寒暄的问候语，由"吃饭了吗"变为"你团了吗"。不少人已经习惯了每天都上团购网进行团购，然后和自己的亲戚朋友一同去享用那美味的餐饮美食……团购的确正在逐渐改变部分人的生活习惯。然而，是什么导致团购网站可以迅速占领这部分消费者的心，让他们习惯了这种消费模式呢?

项目 八 数据化营销CRM

本项目中，我们将学习数据化营销 CRM，CRM 即客户关系管理，它是一种营销理念，也是一种营销方式。本项目的知识包括了解电子商务 CRM，CRM 营销功能和数据分析功能，通过学习，我们将了解 CRM 的理念和系统操作。

项目目标

◎ 了解电子商务 CRM 的含义；
◎ 了解 CRM 营销功能；
◎ 了解 CRM 数据分析功能。

# 任务一　了解CRM精准营销

　任务介绍

如今的营销是以客户为中心的营销，客户客流量是销售之本。电商企业在流量成本高涨的情况下，对 CRM 服务的需求也会越来越强烈。在本任务中，我们将了解电子商务 CRM 的含义和主要内容，以及 CRM 系统下的精准营销。

## 活动一　了解电子商务CRM

　活动描述

在小李的日常工作中，她会使用一些计算机软件工具来进行工作，这些工具的使用可以帮助小李更便捷、高效地开展工作，CRM 就是小李经常使用的一个工具。它不但可以协助小李开展营销工作，还可以对客户的购买信息进行收集和分析，小李参照分析结果可以不断改善营销方案。在本活动中，我们将了解什么是电子商务 CRM。

**第一步，了解客户关系管理（CRM）的含义**

CRM 即客户关系管理，它的目标是通过提高客户的价值、满意度、赢利性和忠实度来缩减销售周期和销售成本、增加收入、寻找扩展业务所需的新的市场和渠道。在不同场合下，CRM 可能是一个管理学术语，可能是一个软件系统，通常所指的 CRM，指用计算机自动化分析销售、市场营销、客户服务以及应用等流程的软件系统。

电商 CRM 也称在线 CRM，一句话解释就是在原有 CRM 的基础上增加数据挖掘和营销。电商 CRM 通常是根据电商客户购物频次、接触点、购物周期、消费频次、产品认可度、购物忠诚度等不同维度进行数据清洗和规律，分析出客户生命周期，并通过有用、有效的数据，对整个电商购物流程进行优化和精准营销，提升用户体验度、品牌黏着力、二次购买率。

**第二步，了解客户关系管理（CRM）的功能**

电子商务 CRM 有运营、营销、销售、服务 4 大基本功能和客户资料 1 个核心：（图 8-1）

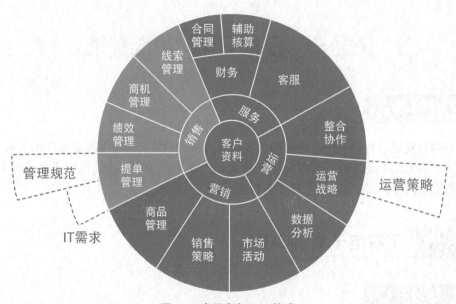

图8-1　电子商务CRM构成

**功能一：运营**

运营是所有电子商务业态的大脑，它包括运营战略的制定、运营策略的变更，还包括对市场、销售、客服等业务数据的分析使用。当然，初始的战略制定和定期的策略调整，依据就是业务数据的分析。另外，运营还包括一项最重要的工作——协调，协调市场、销售、客服等职能部门或业务小组的工作。如果您是一个淘宝店主，您的网店也有一定规模（4 皇冠以上），那么作为店老板您需要做的就三件事：分析运营数据、调整运营策略（促销、SKU调整等）、协调各业务小组。

### 功能二：营销

电子商务营销的基础是商品管理，包括类目管理和SKU（Stock Keeping Unit库存量单位）的管理。虽然进货渠道和供应链属于客户关系管理的范畴外，但售卖商品的管理显然得跟着客户习性走，例如不能在冬季售卖连衣裙，也不能对客户需求不大的SKU大批量的备货。商品管理与销售策略始终又是分不开的，一般情况下这两类管理活动包括商品的基本信息结构、商品的刊例价、商品的打折策略。销售者为了促进客户销售，特别是发展新的客户，在销售策略制定的基础上进行各种营销市场活动。这些活动包括购买淘宝直通车等SEM服务，使用比较精准的DSP全网营销服务，与各种导流网站合作甚至进行线下的品牌营销或者大量宣传活动。

### 功能三：销售

除了淘宝、天猫这样的C2C和B2C购物平台，还有很多商家开发了自己的PC商城和手机商城，不同来源的购物订单会进入他们的ERP订单管理系统。但促成客户成交的客服"干预"手段，也是属于CRM的销售管理过程，因为这个过程中客户与商家要进行最直接的接触。

分析顾客购物的行为，基本的三个步骤构成了网络购物的"销售漏斗"，第一步是通过各种"途径"吸引消费者来到您家的网络商铺；第二步是消费者遴选商品并加入购物车；第三步是支付。需要知道的是，这三个步骤中顾客可以不与网店的客服沟通，但有数据显示绝大多数顾客"反悔"出现在第三步支付，如果在这个步骤由客服及时介入关怀，将大大提高下单率。此时如果顾客通过在线沟通工具（例如，阿里旺旺）来和客服咨询，客服给予贴心的帮助将给客户很好的服务体验。这样的咨询，甚至可能仅仅是商品"询盘"，用传统CRM的定义来说就是商机或销售线索。这样的询问，客服可以回应，也可以不回应，回应与否给企业带来的营业增长是完全不同的。

### 功能四：服务

对于一个电商公司而言，客户看到的商品都是一张张图片和文字描述，既看不到商家本人，也看不到产品本身，无法了解各种实际情况，因此往往会产生距离感和怀疑感。这个时候，客服就显得尤为重要了。客户通过与客服的交流，可以逐步的了解商家的服务和态度，让公司在客户心目中逐步树立起店铺的良好形象。通过客服良好的引导与服务，客户可以更加顺利地完成订单，提高订单的成交率。

电子商务客户服务可以分为售前、售中和售后三个环节，每个环节的职责不同。传统意义上的客服，属于电子商务中的售后，主要负责操作性的退换货管理、客户投诉、差评管理等等。同样属于售后的还有财务管理，网店的财务组得负责开具发票，也负责订单收入的核算，还得负责进货成本的控制，有足够规模的电商企业还需要财务背景的人员能够做一定的预算管理。网络商家卖出的商品往往有各种促销、折扣或者卖出过程中有砍价、抹零、赠送，这些都增加了财务核算过程的复杂。如果不能有效地得出财务核算数据，不但对历史客户的分析不准确，还会造成纳税、审计等不可预估的麻烦。另外，以会员制或积分制来管理网络商家，在促销中针对不同的会员、级别给出不同的商品折扣，或者针对积分的折扣使用，这些也属于CRM战略中财务服务人员的工作。

### 核心：客户资料

电子商务CRM，其基本的核心是客户资料，它以一个共享的客户信息数据库将运营、市场、销售、服务等业务高度地协同配合起来。客户资料是描述客户主体的客观数据，例如

ID、账号、性别、年龄、职业等材料，越详细越好。也有一部分客户资料是商家自己主观赋予的，例如积分、等级、会员级别、购物喜好等。依托客户资料的客户信息最基本的就是客户交易数据，包括订单、购买日期、购物商品、网购来源、接待客服、商品评价等。一般情况下，资料和信息数据都通过一个客户模型来得到有用的客户分析指标。例如基于最常用的RFM模型（Recency 近度、Frequency 频度、Monetary 消费度），可以得到哪些客户对自己的生意最有价值，哪些客户又是最容易在近期产生新购买的信息。还可以根据需要调整模型可控参数，甚至调整算法，来得到所需要的决策依据。有了运营决策依据，企业就可以借助分析结果制定或改进相关的市场营销或促销活动。

### 活动评价

| 评 价 项 目 | 自 我 评 价 | | 教 师 评 价 | |
|---|---|---|---|---|
| | 小 结 | 评分（5分） | 小 结 | 评分（5分） |
| | | | | |
| | | | | |
| | | | | |

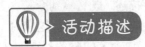

## 活动二　了解CRM的营销方式

### 活动描述

　　小李通过活动一知道了什么是电商 CRM，接下来她将会具体学习 CRM 的营销方式。在本活动中，我们将和小李一起了解 CRM 的营销方式有哪些。

### 活动实施

**第一步，了解精准营销的含义**

　　在传统的企业营销中，企业的客户关系管理涉及范围较小，比如只记录客户购买金额、购买商品等信息，而且没有专门的计算机软件的帮助，这些数据价值也没有得到挖掘。

　　而 CRM 系统的出现则是帮助企业更加科学、便利地管理客户，并对客户进行精准化营销。CRM 精准营销是基于 CRM 系统的客户数据收集和分析，通过对客户数据的分析，了解客户的消费习惯和消费心理，从而帮助企业制定出针对不同客户特点的营销方案。

### 第二步，了解精准营销的分类

CRM 精准营销的依据是按不同的客户属性划分的。即根据目标设定条件把客户进行分组。分组规则一般是按照客户的某种属性进行划分。

常用的客户属性划分有以下几种类别：

- 按地区划分，可以把客户按照所在的地理区域划分成北京客户、上海客户、浙江客户等。
- 按年龄划分，可以把客户划分为青年客户、中年客户、老年客户。
- 按性别划分，可以划分为男性客户和女性客户。
- 按消费金额划分，可以划分为新客户、会员客户、高级会员客户。
- 按客户购买频次划分，可以划分为活跃客户、普通客户、休眠客户。
- 按购买商品划分，可以划分为女装客户、男装客户、儿童服装客户。

划分规则根据企业具体情况设定。

**案例一：**

A 店铺是天猫商城上的一家经营童装的店铺。2015 年 5 月，该家店铺打算做一次母亲节精准营销活动，这次活动需要基于 CRM 客户数据。经过商讨，店铺制定了以下营销目标。

营销客户：女性，购买订单数大于 2，平均订单价大于 100，2 个月内在店铺有过购买并在上海地区。

营销商品：幼儿连体衣。

① 登录 CRM 系统首页，点击"我的客户"，选择"自定义分组"。（图 8-2）

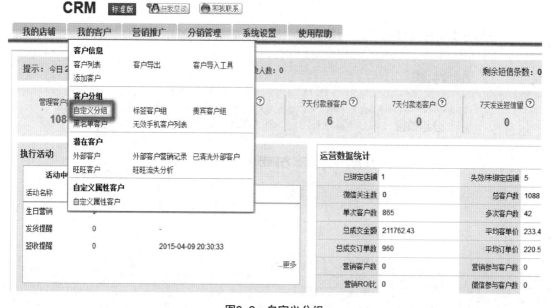

图8-2　自定义分组

② 点击"创建分组"。（图 8-3）

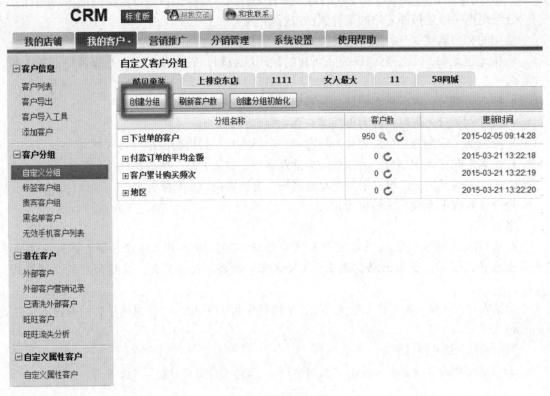

图8-3　创建分组

③ 填写分组名称"母亲节"，分组描述"母亲节促销"。（图 8-4）

创建分组

| 分组信息 | 购买行为 | 会员属性 | 商品范围 | 所属均 |
|---|---|---|---|---|

店铺：　天猫官方旗舰店

分组名称：　母亲节

上级分组：　无

分组描述：　母亲节促销

图8-4　分组描述

④ 购买行为设置中：订单总数选择"大于等于 2"，平均订单价选择"大于等于 200"，下单时间选择"晚于 2015-3-1"。（图 8-5）

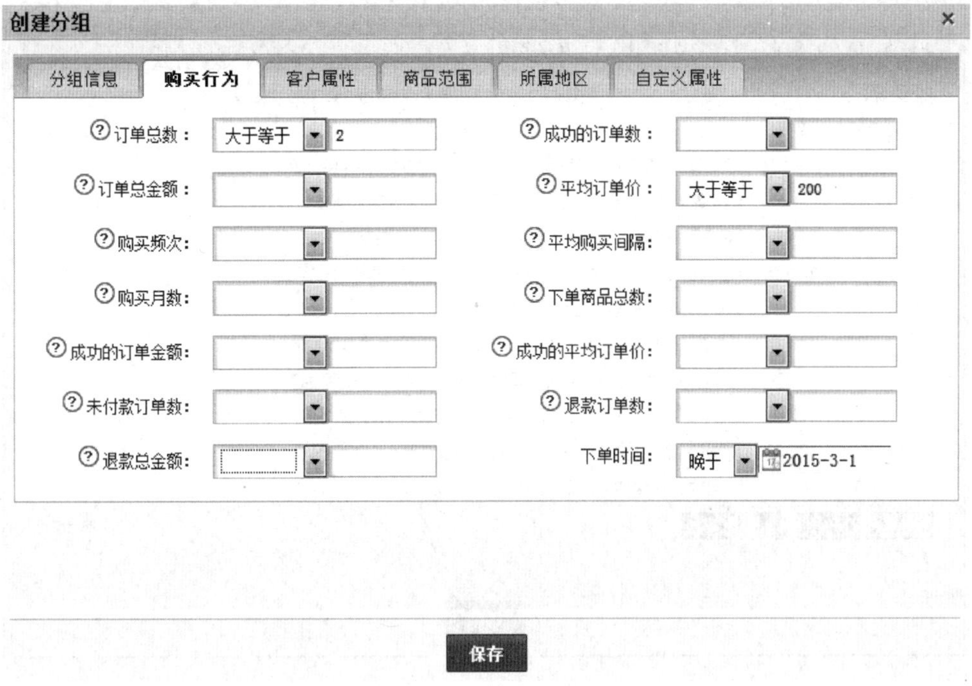

图8-5　购买行为设置

⑤ 客户属性设置中：性别选择"女"，最后下单时间选择"晚于 2015-3-1"。（图 8-6）

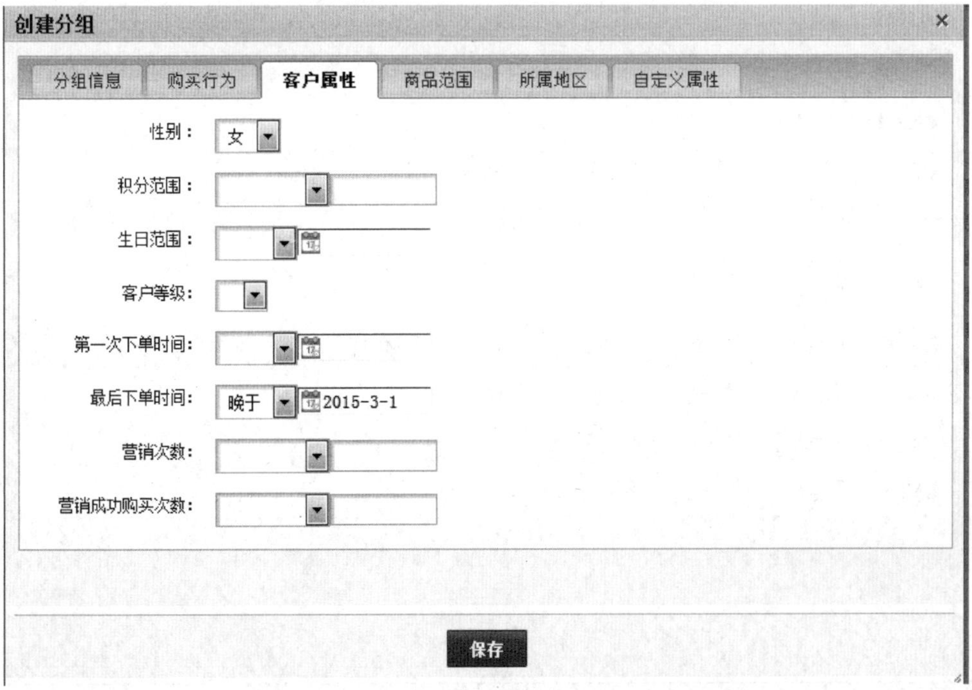

图8-6　客户属性设置

⑥ 商品范围设置中：勾选新生儿枕头的所有商品。（图 8-7）

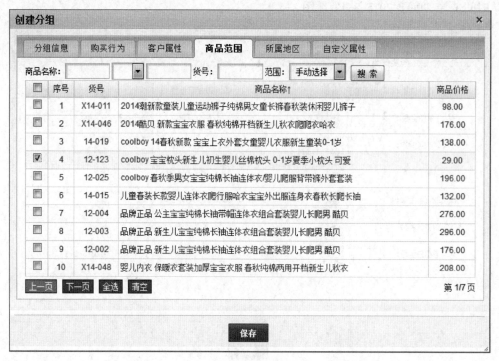

图8-7　商品范围设置

⑦ 所属地区设置中：勾选"部分地区"，再在下方地区选项中勾选"上海"。（图 8-8）

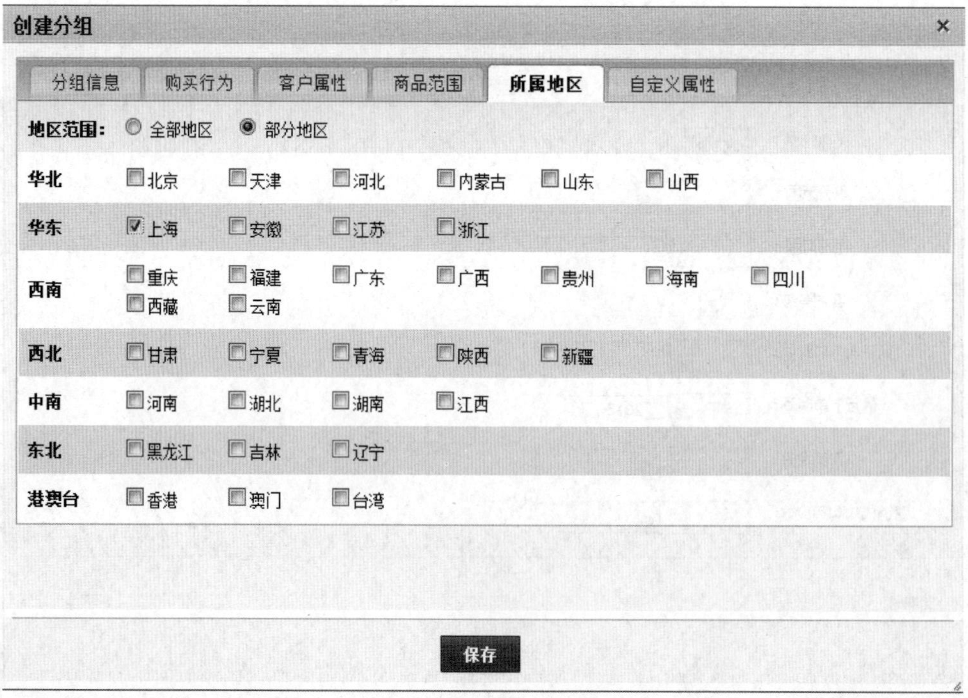

图8-8　所属地区选择

⑧ 点击保存，这样针对本次活动的目标客户就分好组了。

**第三步，了解短信营销的含义及运用**

短信营销顾名思义就是以发送到普通手机短信的方式来达到营销目的的营销手段。在CRM系统中，我们可以通过系统提供的短信功能给目标客户发送营销信息。

案例二：

××保健品专卖是天猫商城上的一家中老年人保健品专卖店。2016年6月，该家店铺打算做一次端午节营销活动，通过短信对目标客户进行营销。

营销客户：购买次数大于等于1；

购买行为发生于2016年1月1日之后；

积分大于等于1；

购买过"蜂胶胶囊120粒装"；

上海地区。

短信内容：亲，端午节特惠抢购中，只需99元即可抢购原价128元蜂胶胶囊一份，先到先得机不可失哦！

① 登录CRM，点击"营销活动——短信活动列表"。（图8-9）

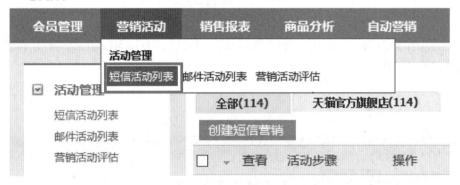

图8-9　短信活动列表

② 在短信活动列表中，点击"创建短信营销"。（图8-10）

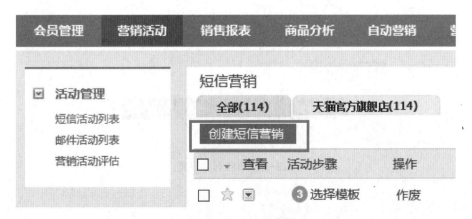

图8-10　创建短信营销

③ 输入活动名称。（图 8-11）

**创建活动**　　　　　　　　　　　　　　　　　　　　　　✖

| | |
|---|---|
| *所属店铺： | 天猫官方旗舰店 ▾ |
| *活动名称： | 端午节促销　　　　　　✖ |
| 活动开始时间： | 📅 2016-06-03 |
| 活动结束时间： | 📅 2016-06-18 |
| 活动方式： | |
| 活动描述： | |
| 预期成本： | |

**下一步 >>**　　**关闭**

图8-11　填写活动信息

④ 在弹出的活动创建页面中，购买次数选择"大于等于"，输入次数"1"；在最后下单时间选择"晚于 2016-1-1"。（图 8-12）

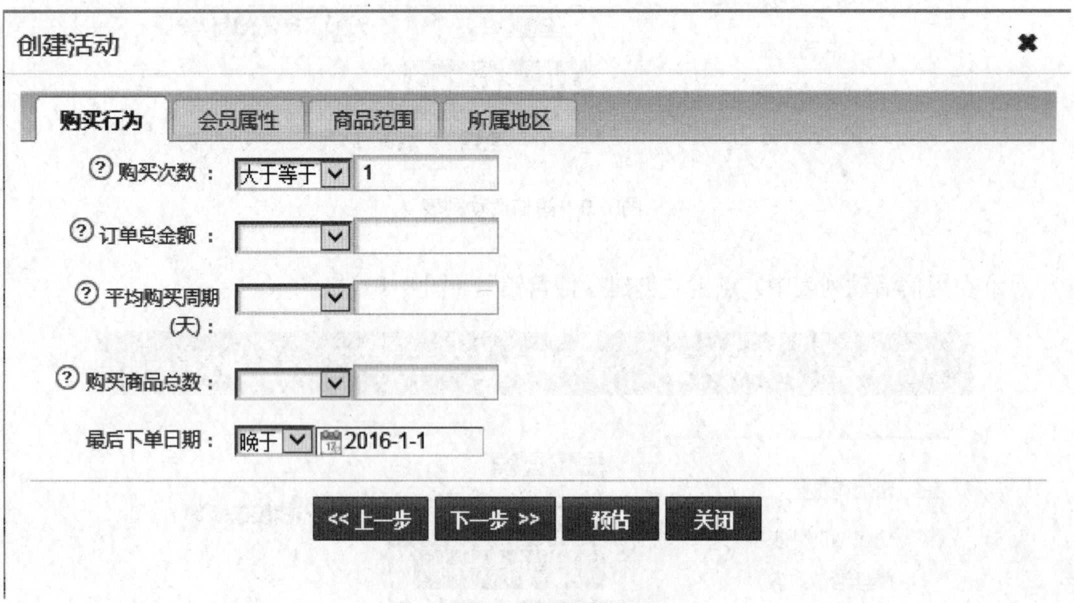

**创建活动**　　　　　　　　　　　　　　　　　　　　　　✖

| **购买行为** | 会员属性 | 商品范围 | 所属地区 |
|---|---|---|---|

　② 购买次数： 大于等于 ▾ 1

　② 订单总金额： ▾

　② 平均购买周期 ▾
　　　　（天）：

　② 购买商品总数： ▾

　最后下单日期： 晚于 ▾ 📅 2016-1-1

**<< 上一步**　　**下一步 >>**　　**预估**　　**关闭**

图8-12　购买行为设置

⑤ 会员属性中选择积分范围"大于等于1"。（图 8-13）

图8-13　会员属性设置

⑥ 商品范围中勾选"买 3 送 1BCCJ 天然蜂胶胶囊"。（图 8-14）

图8-14　商品范围设置

⑦ 所属地区中勾选"上海"，点击"下一步"。（图 8-15）

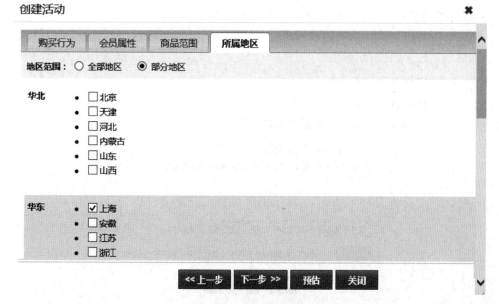

图8-15　所属地区选择

⑧ 输入短信内容，点击保存短信内容。（图 8-16）

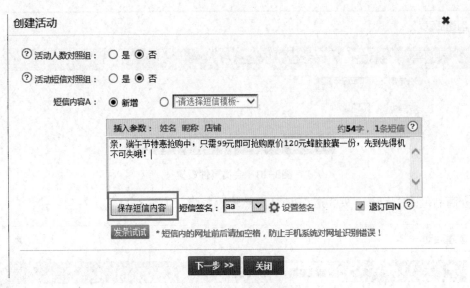

图8-16　短信内容编辑

⑨ 输入短信内容名称。（图 8-17）

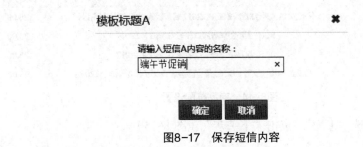

图8-17　保存短信内容

⑩ 保存好短信内容后，点击"下一步"。（图 8-18）

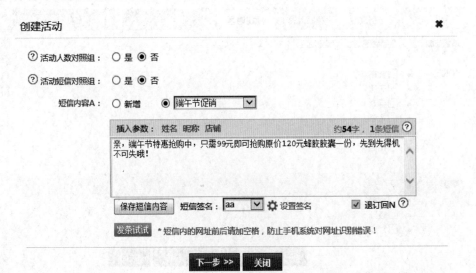

图8-18　核对信息

⑪ 点击"发送"。（图8-19）

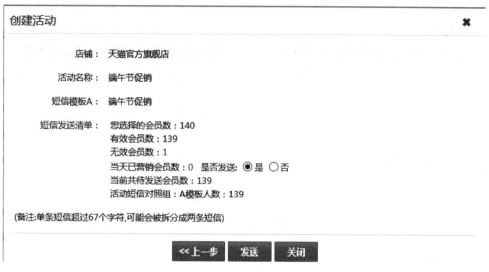

图8-19　发送短信

⑫ 短信发送成功。（图8-20）

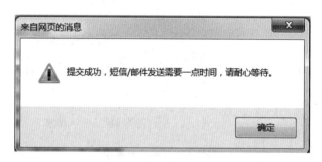

图8-20　短信发送成功

### 第四步，了解邮件营销的含义及运用

邮件营销是指通过电子邮件的方式向目标用户传递有价值信息的一种网络营销手段。与短信营销相比较，通过邮件进行的营销内容更加丰富多彩。邮件内容可以包括文字、图片、视频等信息，给客户更加丰富的营销体验。

**案例三：**

××保健品专卖是天猫商城上的一家中老年人保健品专卖店。2016年6月，该家店铺打算做一次端午节营销活动，通过邮件对目标客户进行营销。

营销客户：购买次数大于等于1；订单总金额大于等于100；购买商品总数大于等于1；

购买行为发生于2016年1月1日之后；

积分大于等于1；

购买过"蜂胶胶囊120粒装、鱼油200粒装、预售深海鱼油200粒装"这三款产品。

邮件内容：文字＋图片＋购买链接

① 登录CRM，点击"营销活动——邮件活动列表"。（图8-21）

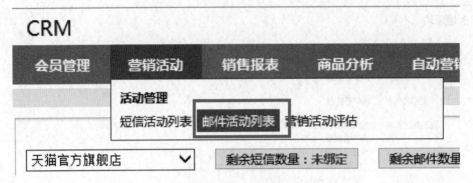

图8-21　邮件活动列表

② 在短信活动列表中，点击"创建邮件营销"。（图8-22）

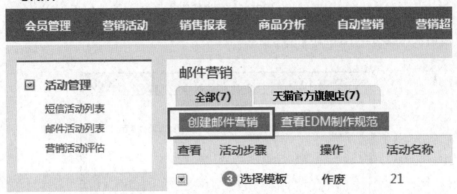

图8-22　创建邮件营销

③ 输入活动名称。（图8-23）

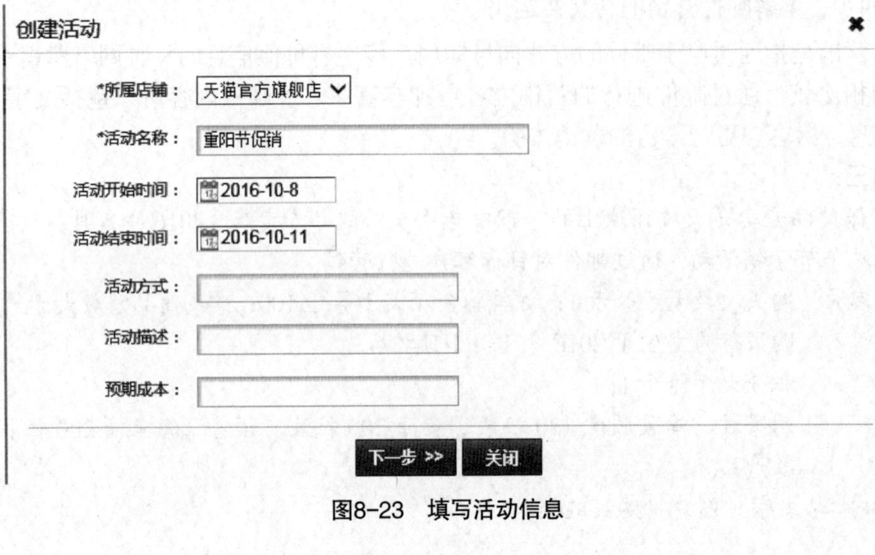

创建活动　　　　　　　　　　　　　　　　　　　　✖

　　　　＊所属店铺：　天猫官方旗舰店 ✔
　　　　＊活动名称：　重阳节促销
　　　　活动开始时间：　2016-10-8
　　　　活动结束时间：　2016-10-11
　　　　活动方式：
　　　　活动描述：
　　　　预期成本：

下一步 ≫　关闭

图8-23　填写活动信息

④ 在弹出的活动创建页面中，购买次数选择"大于等于"，输入次数"1"；订单总金额选择"大于等于"，输入金额数"100"；购买商品总数选择"大于等于"，输入数字"1"，在最后下单时间选择"晚于 2016-1-1"。（图 8-24）

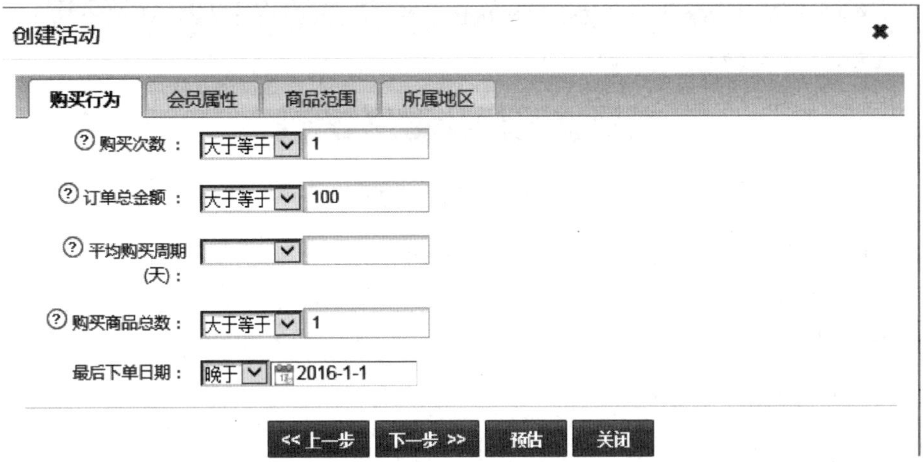

图8-24　购买行为设置

⑤ 会员属性中选择积分范围"大于等于 1"。（图 8-25）

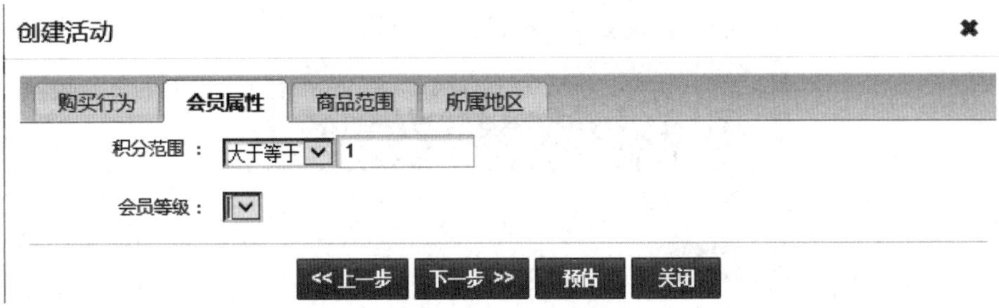

图8-25　会员属性设置

⑥ 商品范围中勾选商品。（图 8-26）

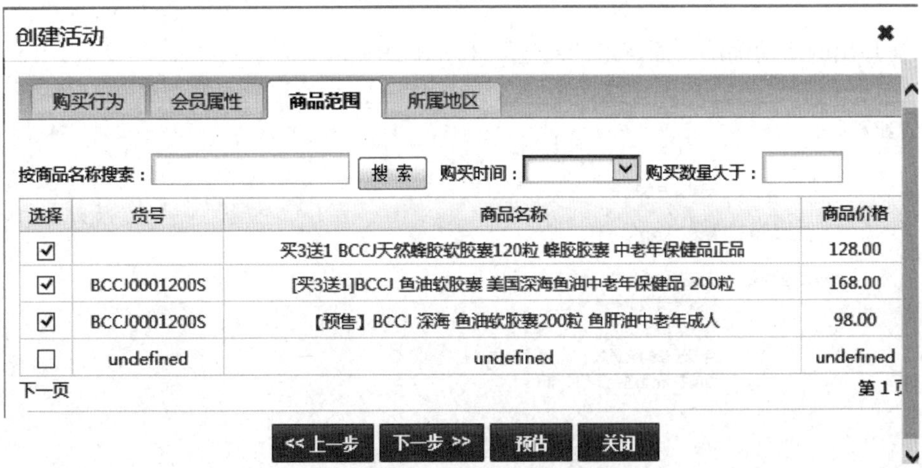

图8-26　商品范围选择

⑦ 在所属地区设置中选择"全部"。（图 8-27）

图8-27 所属地区选择

⑧ 编辑好邮件内容，点击"下一步"。（图 8-28）

图8-28 编辑邮件内容

⑨ 在弹出的活动确认页面点击"发送"。（图 8-29）

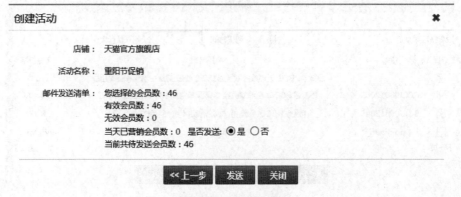

图8-29 发送邮件

⑩ 邮件发送成功。（图8-30）

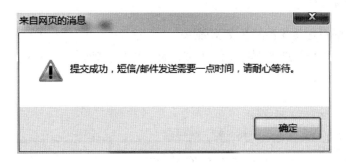

图8-30　邮件发送成功

| 评 价 项 目 | 自我评价 | | 教师评价 | |
|---|---|---|---|---|
| | 小 结 | 评分（5分） | 小 结 | 评分（5分） |
| 1. 能了解 CRM 营销的分类 | | | | |
| 2. 能掌握短信营销的操作 | | | | |
| 3. 能掌握邮件营销的操作 | | | | |

# 任务二　了解CRM营销功能设置

## 任务介绍

CRM 在为企业提供数据统计分析的基础上，还为企业提供了一些改进的营销活动，有快捷营销模型、客户分组营销模型和自动插件营销模型。除了这些系统提供的改进的营销活动外，管理者还可以自己手动设置一些营销活动，即自定义营销。

作为一名电商营销工作者，小李经常需要对客户开展一些营销活动来促进企业商品的销售。开展营销活动可以借助 CRM 管理软件进行，在本活动中，我们将和小李一起学习几个 CRM 的营销功能设置。

**第一步，了解自定义营销的含义及运用**

① 自定义营销是指管理者自行设定营销活动，点击"营销推广"，选择自定义营销活动，点击"开始营销"。（图8-31）

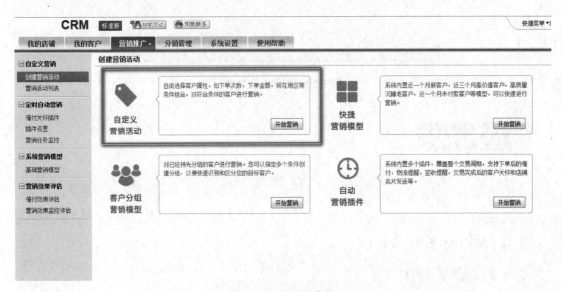

图8-31　自定义营销

② 选择店铺名称，填写活动名称，设定活动起止时间，填写活动方式，活动描述和预期成本，点击"下一步"。（图8-32）

图8-32　填写活动信息

③ 设置活动内容。（图 8-33）

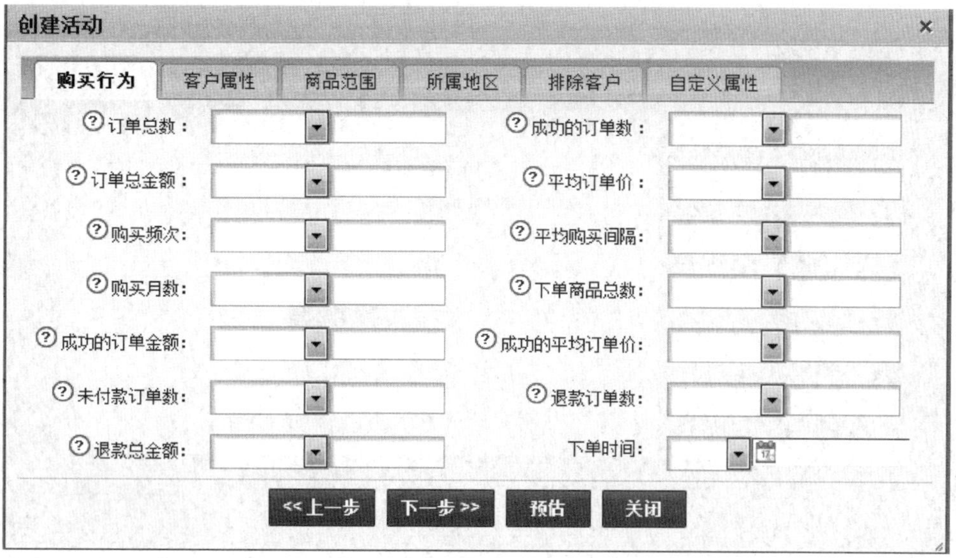

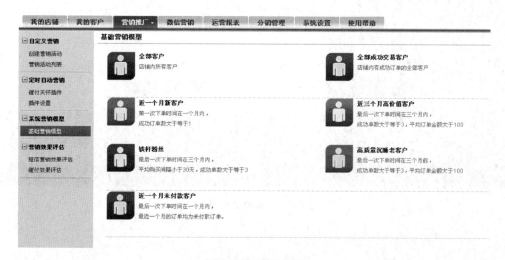

图8-33　设置活动内容

这样一个自定义营销活动就设置好了。

**第二步，了解快捷营销的设置**

为了方便企业能比较快捷地进行营销活动，CRM 系统为管理者提供了快捷营销活动。管理者可以直接选择企业客户管理中的客户分类，对某一类别客户进行营销活动。CRM 系统为管理者提供了这七个基础的营销模型供管理者选择。

**案例四：**

A 企业打算进行高质量老客户唤醒活动，高质量的老客户是以前在企业经常购买商品，且购买单价较高的一部分客户，但是在近期这部分客户没有再来消费。小李打算给这部分客户发送一些限时优惠券，唤醒这部分客户继续在企业消费。

① 点击"高质量沉睡老客户"。（图 8-34）

图8-34　营销模型

② 选择以短信的方式来进行营销活动，点击"下一步"。（图8-35）

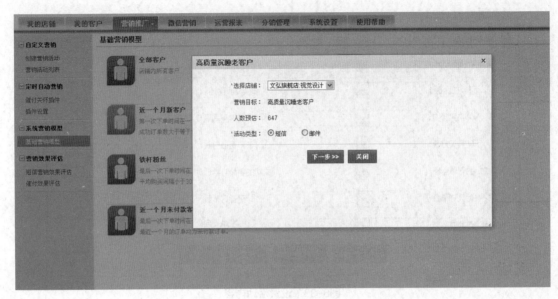

图8-35  选择客户组

③ 填写好活动时间、活动方式、活动描述、预期成本等信息后点击"下一步"，那么一条完整的营销活动就完成了。（图8-36）

图8-36  营销活动创建

④ 编辑营销短信内容，点击"下一步"。（图8-37）

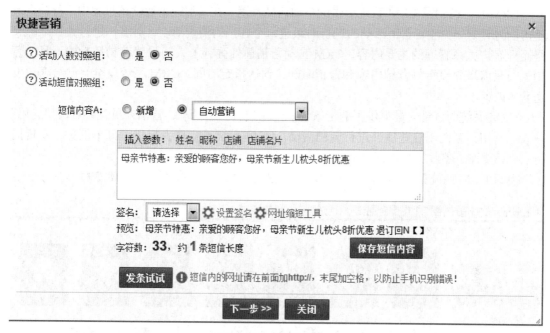

图8-37　编辑营销内容

⑤ 在发送时间中选择"立即发送"，最后点击"发送"。（图8-38）

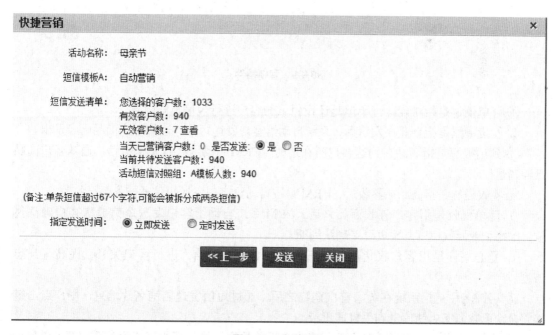

图8-38　发送短信

　　以上我们学习了 CRM 的快捷营销，快捷营销是 CRM 系统提供的最为便捷的一种营销活动，那么接下来我们来学习如何自动插件进行定时自动营销。

### 第三步，了解 CRM 定时自动营销的含义及运用

　　CRM 自动营销是 CRM 系统提供的自动插件营销。在日常的企业营销过程中，营销人员不可能时时刻刻关注着营销活动的进行而跟进每个客户的消费活动，对客户进行关怀维护又是企业客户关系管理的主要内容，CRM 自动营销插件弥补了人为设置营销活动的不足。营销人员只需事先设置好营销内容和营销时间，到达指定时间，CRM 系统就会自己给客户发送营销内容。

　　CRM 系统为营销人员提供了七个系统插件来进行营销活动，营销人员直接点击"启用"或者"禁用"来使用这些插件进行营销活动。CRM 系统给管理者提供了订单催付、发货提醒、到达提醒、签收提醒、订单催收、爱心关怀和店铺名片 7 个插件。

　　登录 CRM 系统首页，点击"营销推广"，选择"催付关怀插件"。（图 8-39）

图8-39　营销插件

　　① 订单催付是指对确认订单但是还没付款的客户进行短信提醒付款。

　　② 发货提醒是指企业在发货后，系统自动给客户发送短信，通知客户商品已经发出。

　　③ 到达提醒是指商品在到达客户所在地时，CRM 自动给客户发送短信，通知客户商品已经到达；

　　④ 签收提醒是指商品在签收后，CRM 系统自动给客户发送短信通知商品已签收。

　　⑤ 订单催收是指客户签收商品之后，CRM 系统自动给客户发送短信提醒客户确认付款，加快企业回款速度，缩短订单确认周期。

　　⑥ 爱心关怀是指客户收货后的第三天给客户发送短信，进行客户关怀，提高客户忠诚度。

　　⑦ 店铺名片是指系统在买家首次购物之后，通过短信发送店铺名片信息，用户点击链接将自动下载商家店铺信息到手机通讯录。

　　与传统企业相比，电子商务企业具有先天性的数据优势，其所有的营销活动都可以数据化，反过来，数据化又可以为电子商务企业提供营销支持。数据化营销是指企业通过数据挖掘、分析，充分利用数据价值为企业经营决策提供帮助，以达到精准营销的目的，同时，企业还可以通过数据反馈、调整和改进营销策略。（图 8-40）

图8-40 营销插件列表

我们知道所有的经营活动都是由三个主体构成：卖家、买家和商品。所以数据化营销所包含的数据主要有店铺运营数据、客户数据和商品数据。

 活动评价

| 评 价 项 目 | 自 我 评 价 | | 教 师 评 价 | |
|---|---|---|---|---|
| | 小 结 | 评分（5分） | 小 结 | 评分（5分） |
| 1.能掌握自定义营销的操作 | | | | |
| 2.能掌握快捷营销的操作 | | | | |
| 3.能掌握自动营销额操作 | | | | |

# 任务三 了解网店运营分析

 任务介绍

网店运营过程的数据收集和分析对于企业决策和销售改进具有重要意义。在本任务中，我们将了解几项主要的运营数据，并学会从数据中分析出有价值的信息。

## 活动一　了解订单分析

### 活动描述

　　订单数据包含很多，包括客户信息、商品信息、销售信息等，这些信息里面蕴含着巨大的价值。企业对这些数据进行分析，可以从中得到很多有价值的信息。某天，小李接到一项工作任务就是对店铺的订单信息进行分析。在本活动中，我们将和小李一起对店铺的订单信息进行分析。

### 活动实施

#### 第一步，了解地域分析法

　　地域分析是指对每个地域省份的客户量、客单价、订单量、订单单价等的数据统计，这样企业就可以根据数据分析了解每个区域客户的消费偏好和消费习惯，从而优化自己的营销方案。对企业来说，企业经营的主要目标客户群就是购买量大和购买力强的人群，地域分析功能就是帮助企业确定这两个人群的所在区域。

　　**案例五：**

　　小李是一家网店的营销推广主管，2014 年 3 月 11 日，小李接到网店经理给的工作任务：根据本月前 10 天的销售数据，统计出公司总销量最高的地区和最有价值的地区。

　　根据任务内容，小李得出销量最高的地区就是订单金额最高的地区，而最有价值的地区就是客单价最高的地区，于是小李需要找出这两项内容的相关数据。

　　于是小李登录 CRM 系统，点击"销售报表"，选择"地域分析"。（图 8-41）

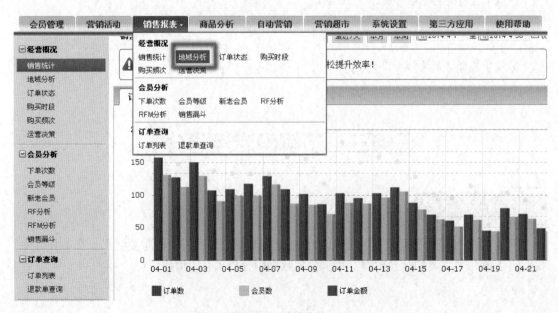

图8-41　地域分析

CRM 地域分析有三种数据形式: 数据明细、区域排行和地图一览。

在数据排行中, 小李可以从数据明细排行和区域排行中看出 (图 8-42 和图 8-43), 上海是订单总金额全国排名第一的城市, 这说明上海市的客户购买的商品总金额最多。所以公司销量最高的区域为上海。

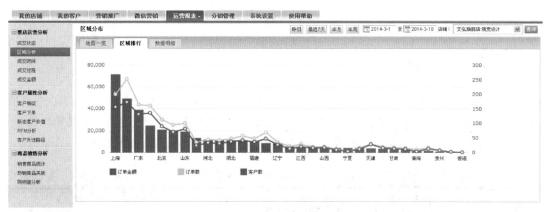

图8-42 区域分布数据明细

图8-43 区域分布排行

**案例思考:**

为什么发达城市上海的总订单金额最高, 但客单价不是最高? 欠发达地区甘肃的总订单金额不是最高, 但客单价却是最高?

我们可以从以下几个方面分析该问题的原因:

① 邮费原因: 我国的电商产业主要集中于中东部地区, 因为偏远地区的邮费要大于沿海地区的邮费, 偏远地区的客户在一次下单中, 买一件的邮费与买多件的邮费差距不大, 很多客户为了节省邮费所以在一次订单中购买的商品较多。但是对沿海地区的消费者来说, 邮费本身就不高, 那么客户买一件或者买几件邮费成本不大, 那么很多客户就一次只买一件, 下次再购买其他的。

② 商品属性原因: 不同地区的消费者可能对同一件商品持有不同的消费观, 比如, 有些地区的人们都比较喜欢某一种商品, 而另一个地区的人们则一般。

③ 地区人数原因: 上海地区的总人数大于甘肃地区的总人数, 地区总人数是影响总销售金额的主要因素之一。

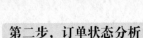
**第二步，订单状态分析**

成交状态数据报表是对店铺所有订单的付款情况的表示。在 CRM 成交状态分析中列出一定时间内所有订单的明细，成交订单和未成交订单，每笔订单的交易明细，通过数据趋势图把店铺一段时间内的成交状态数据表示出来。

订单状态分析可以帮助企业查看经营过程中的订单流失率，通过订单流失率数据，了解企业订单流失的原因，调整企业的经营策略。

下表是付款率与企业经营状态衡量表，流失订单有两种情况：① 客户提交了但是没有完成付款的订单。② 客户付款后由于其他原因退款取消交易的订单。流失率表示企业流失订单的比率，其中：流失率 = 100% − 成交率。

表8-1 成交状态衡量表

| 成 交 率 | 流 失 率 | 经 营 状 况 |
|---|---|---|
| ≥ 90% | ≤ 10% | 优 |
| 90%—85% | 10%—15% | 良 |
| 85%—80% | 15%—20% | 中 |
| 80%—75% | 20%—25% | 及格 |
| < 75% | < 25% | 差 |

**案例六：**

小李是一家网店的营销推广主管，2014 年 4 月 12 日，小李接到网店经理给的工作任务：根据本月前 10 天的订单数据，统计公司这 10 天的付款率和订单流失率，说明公司的经营状况。

于是小李登录 CRM 系统，点击"销售报表"，选择"订单状态"。（图 8-44）

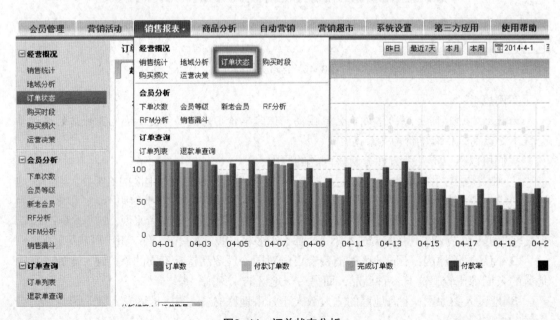

图8-44 订单状态分析

在时间设置栏中选择"2014-4-1 至 2014-4-11",单位选择"天",小李可以看到 2014 年 4 月 1 日至 4 月 10 日的成交订单数据,鼠标点击天数,柱状图上就会显示该天的付款率、成交率、订单数、付款订单数和完成订单数这五项数据。小李点击 4 月 1 日这一天,4 月 2 日这一天的付款率为 79.62%,成交率为 77.07%。(图 8-45)

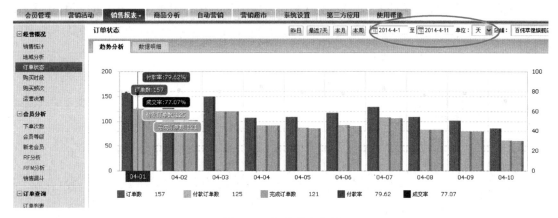

图8-45 订单状态分析

以此类推,小李查到了 4 月 1 日至 10 日这 10 天的成交率和付款率,由成交率与流失率公式算出了每天的流失率,并且根据成交状态衡量表,表示出这 10 天的企业经营状态。

表8-2 公司经营状况表

| 2014 年 4 月 1 日至 2014 年 4 月 10 公司经营状况 | | | |
| --- | --- | --- | --- |
| | 付款率 | 成交率 | 流失率 | 经营状况 |
| 4-1 | 79.62% | 77.07% | 22.93% | 及格 |
| 4-2 | 81.1% | 80.03% | 19.97% | 中 |
| 4-3 | 80% | 80% | 20% | 及格 |
| 4-4 | 85.05% | 85.05% | 14.95% | 良 |
| 4-5 | 79.82% | 78.9% | 21.1% | 及格 |
| 4-6 | 78.63% | 76.92% | 23.08% | 及格 |
| 4-7 | 83.72% | 82.17% | 17.83% | 中 |
| 4-8 | 76.15% | 76.15% | 23.85% | 及格 |
| 4-9 | 78.22% | 78.22% | 21.78% | 及格 |
| 4-10 | 70.93% | 69.77% | 30.23% | 差 |

**案例思考:**

企业订单流失的原因是什么?

我们知道订单流失有两种情况:① 客户提交了订单,但是没有完成付款。② 客户付款后,由于某种原因退款取消订单。

针对第一种情况，客户提交了订单但是没有付款，这种情况说明客户本来想购买，但是中途出现了某种原因放弃了付款。客户放弃付款的原因有很多，比如有其他更便宜的相同产品出现，支付过程不畅，消费者对该产品的热衷度下降等原因。

针对第二种情况，客户进行了付款，但是之后交易终止，这种情况说明客户是愿意购买，但是付款后出现了某种原因使得客户没有完成交易。客户没有完成交易的原因有很多，比如订单信息出现错误需要重新提交订单，收到产品后产品不符合客户期望，产品质量出现问题，售后服务出现问题等原因。

## 活动评价

| 评 价 项 目 | 自 我 评 价 | | 教 师 评 价 | |
|---|---|---|---|---|
| | 小 结 | 评分（5分） | 小 结 | 评分（5分） |
| 1. 能了解订单分析的数据项目 | | | | |
| 2. 能掌握订单分析的方法 | | | | |
| 3. 能得出订单分析的结果 | | | | |

## 活动二　了解购买分析

### 活动描述

小李除了对店铺的订单数据进行分析外，还需要对店铺的购买数据进行分析。购买数据是指和客户购买行为相关的数据信息。包括购买时间、消费地区、性别、年龄等数据。在本活动中，我们将学习如何对购买数据进行分析。

### 活动实施

**第一步，购买时段分析**

购买时段是指通过每个时间段的客户数、订单数、订单金额等数据统计出每个时间段的交易情况。

购买时段分析可以帮助企业了解哪一个时间段是企业的销售最高时段，了解消费者的消费时间特点，找出销售价值最高的时间段，从而对该时段的营销策略进行优化。

**案例七：**

A企业打算在客户活跃度最高的时候举办一次促销活动，通过会议讨论，该企业认为需要在每一周的最高购买天数进行该营销活动，因为最高购买时段内举办该营销活动会给公司带来最高的收益，举办该活动的必要条件就是了解客户的购买时段规律。小李接到部门经理给的工作任务：根据过去一个月的销售数据，找出一周中哪一天企业销量最高。

于是小李登录CRM系统，点击"销售报表"，选择"购买时段"。（图8-46）

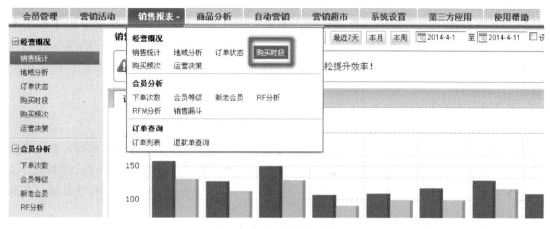

图8-46　购买时段分析

小李从购买时段图中看出（图8-47），公司周六的平均订单数、平均客户数和平均订单金额是一周中最高的，那么小李可以从此项得出结论，周六是企业客户购买比较多的日期，说明周六是客户的购买习惯时间，企业在周六进行营销活动可以获得更高的收益。

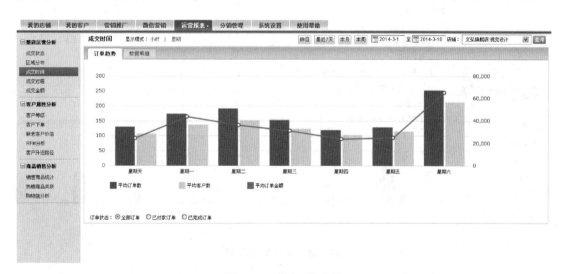

图8-47　成交时间趋势

**案例思考：**

为什么消费者的购买时段会影响企业的经营活动？

很多消费者都会有一定的购买时间习惯。比如，人们习惯在早上去菜市场买菜，那么蔬菜销售商在了解到这一消费者的购买时间习惯后，可以加大上午的蔬菜库存量或者进行一些营销活动，这样的调整会提高销售商的蔬菜销量并增加收益。

根据消费统计，周六是人们消费购物的活跃时间，但为什么是周六而不是周日呢，可能很多客户选择在一周连续五天上班后周六休息上网购物，周日再进行其他活动。根据这种分析，企业在推出新品或者优惠促销时，可以选择在周六进行。

### 第二步，购买频次分析

购买频次是指客户购买次数变化，购买频次数据分析中，主要包括购买次数、平均客单价、平均订单价、会员数、会员比例、销售占比这几项数据。购买频次反映了购买次数、会员客户与客单价之间的关系。通常企业销售额中绝大部分都是由只购买一次的客户贡献的，但是这部分客户的客单价往往不高，企业购买频次高的会员客户往往客单件较高。

购买频次数据可以帮助企业找到购买量最大的客户和购买力最大的客户。

### 案例八：

小李是一家网店的营销推广主管，小李所在的部门需要进行一次针对不同购买频次客户的营销活动，经过会议讨论，公司决定向购买量最大的客户进行打折促销活动，对购买力最大的客户进行新品推荐活动。小李接到部门主管给的工作任务：根据企业的销售数据，找出购买量最大的客户群和购买力最大的客户群。

购买量最大的客户群是指该部分客户的购买总金额最多，而购买力最大的客户群是指该部分客户客单价最高。于是小李就开始着手查找相关数据。

小李登录 CRM 系统，点击"销售报表"，选择"购买频次"。（图 8-48）

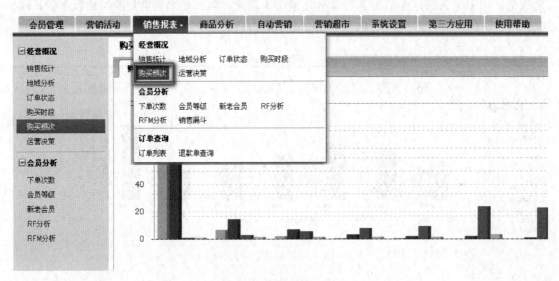

图8-48　购买频次分析

下图中的购买频次柱状图中，其中购买 1 次的人数最多，销售额占比最高；而购买次数为 8 次以上的客户客单价最高。只购买一次的客户大多为新客户，购买 8 次的客户为企业的老客户。新客户一般是通过企业宣传、推广而吸引来的，老客户多半是因为企业的产品和服务而保持下来的。所以，小李找到了企业购买量最大的客户和最有购买力的客户。（图 8-49）

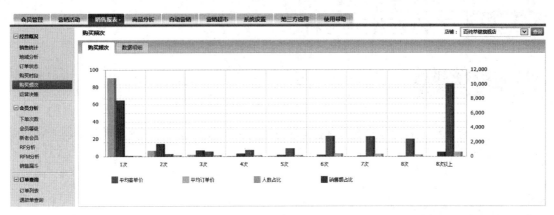

图8-49　购买频次分析

**案例思考：**

购买频次与企业经营状况之间存在什么关系？

购买频次数据反映了企业的客户价值和经营状态。购买次数显示出企业老客户的价值大小，购买频次反映的企业经营健康状况，一个企业购买频次与销售金额必须保持良好的平衡，如果一个企业的客户购买频次过低，说明客户在购买过企业商品后不愿意再进行购买，这要么是因为企业产品出现问题，要么是售后服务出现问题；如果一个企业的销售额中很大一部是由购买频次高的客户贡献的，那么说明企业的推广出现问题，新客户较少。所以，管理者可以通过客户下单数据，调整营销策略，比如说增加对订单单价高的这部分客户的服务，增加这部分客户的人数；增加对新客户的服务和产品推广，促使这部分客户多购买或者购买单价高的商品。

活动评价

| 评价项目 | 自我评价 | | 教师评价 | |
|---|---|---|---|---|
| | 小结 | 评分（5分） | 小结 | 评分（5分） |
| 1. 能了解购买分析的项目 | | | | |
| 2. 能掌握购买分析的方法 | | | | |
| 3. 能得出购买分析的结果 | | | | |

# 任务四　了解客户属性分析

任务介绍

电子商务CRM是以客户为中心的，客户相关数据的收集和分析至关重要，可以为企业了解目标客户、挖掘潜在客户提供数据支持。在本任务中，我们将了解客户购买行为分析和客户价值分析。

## 活动一　了解购买行为分析

 活动描述

　　购买行为分析是指对客户的消费行为数据进行的分析，通常是对消费者下单次数的分析。在本活动中，我们将通过小李的分析过程，了解购买行为分析的方法。

 活动实施

### 第一步，客户购买行为分析

　　客户购买行为分析，主要依靠下单次数数据的分析。下单次数是指客户下单次数和客单价的分析，一个客户在店里购买的次数，买一次的客户、购买两次的客户、依次类推一直到购买六次的客户，以及购买六次以上的客户，这些客户在平均客单价、平均订单价、人数占比、销售额占比的数据图。根据该数据图，管理者可以看出客户的黏性情况，由此分析出客户购买次数后面的原因，比如有的客户为什么只购买一次就不再来购买了，为什么有一些客户购买三次以上，分析这些数据对了解客户购买心理有进一步的帮助。购买行为分析可以帮助企业找到购买量最大的客户下单次数和购买力最大的客户下单次数。

　　**案例九：**

　　小李是一家网店的营销推广主管，小李所在的部门需要进行一次针对不同下单次数客户的回购分析，并对不同下单次数的客户进行一次售后调查活动，进行这些工作的必要条件就是需要掌握不同下单次数客户的总购买量和客单价数据。于是作为营销人员的小李接到了一项工作任务：找到购买量最大的客户下单次数和购买力最大的客户下单次数。

　　购买量最大是指客户的购买总金额最大，而购买力最大是指客单价最高。

　　于是，小李登录 CRM 系统，点击"销售报表"，选择"下单次数"。（图8-50）

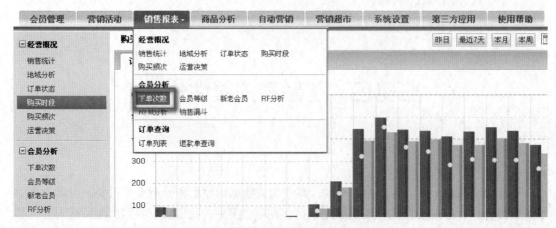

图8-50　下单次数

　　小李可以从（图 8-51）客户下单数据看出，只购买一次的客户占企业客户的 88.46%，而这些只购买一次的客户的购买金额占企业销售额的 75.64%；我们从（图 8-52）平均订单价来看，购买 3 次的客户的平均订单价最高。这说明企业的销售主体是购买一次的客户，这部分客户总数最多，购买总金额最大，但是这部分客户的订单单价却不是最高的，说明这部分客户购买的商品价格低或者单个客户购买的商品少；而购买三次的客户与这部分客户相反，购买三次的客户购买人数少，购买总金额低，但是订单单价高，说明购买三次的客户购买的商品价格高或者订单总金额高。

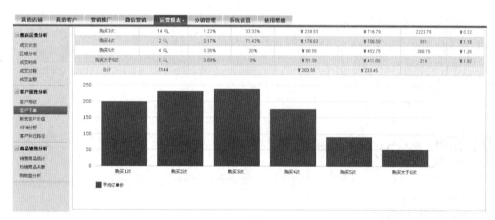

图8-51　下单次数数据明细

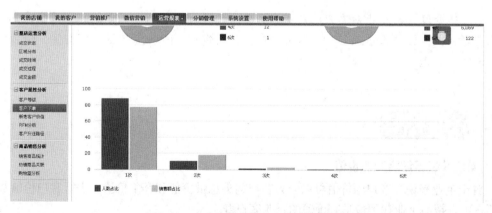

图8-52　客户下单平均订单价

图8-53　客户下单人数占比和销售额占比

通过以上数据分析（图8-53），小李得出结论，2014年3月1日至2014年3月10日期间，购买量最大的客户购买次数为1次，客单价最高的购买次数为3次。这说明所有客户中，只购买1次的客户人数最大，销售总额最大。购买3次的客户，客单价最高。

**第二步，了解购买行为与企业营销策略的关系**

**案例思考：**

购买行为与企业营销策略的关系是什么？

企业营销策略的调整与客户的购买行为密切相关。管理者可以通过客户下单数据，调整营销策略，比如说加大对客单价高的这部分客户服务，例如购物满800即可成为金牌会员，享受所有商品8折优惠，吸引更多的客户购买，增加这部分客户的人数；增加对新客户的服务和产品推广，促使这部分客户多购买或者购买单价高的商品，增加这部分客户的客单价。

 **活动评价**

| 评价项目 | 自我评价 | | 教师评价 | |
|---|---|---|---|---|
| | 小结 | 评分（5分） | 小结 | 评分（5分） |
| 1. 能说出购买行为分析的对象 | | | | |
| 2. 能掌握购买行为分析的方法 | | | | |
| 3. 能得出购买行为分析的结果 | | | | |

## 活动二 客户价值分析

 **活动描述**

客户价值分析是指对客户的购买力的分析，通过分析客户之前的购买数据，发现客户的潜在价值和价值倾向。在本活动中，我们将和小李一起学习如何对客户价值进行分析。

**活动实施**

**第一步，了解客户的价值**

对于企业来说，客户的价值可以分为客户购买总量价值和客单价值。进行客户价值数据分析，可以帮助企业找到最具有价值的企业客户群。

### 第二步，了解 RF 分析

RF 功能是通过分析客户购买行为相关的所有数据，形成客户周期图表，一般客户的购买行为都可以分为活跃中、预备休眠和休眠中三个阶段，数据分析判断客户所处的周期，从而制定适当的客户精准营销方案。

CRM 系统为企业提供客户的活跃度数据分析，通过 RF（客户升迁路径）分析功能对客户的购买频次、购买活跃度数据进行统计。

**案例十：**

小李是一家网店的营销推广主管，2015 年 5 月，公司制定了一项客户关怀唤醒活动，该活动是针对企业的预备休眠客户群的，对这部分客户进行短信关怀和优惠信息推荐，以此来吸引这部分客户再次购买。进行该项活动的必要条件是客户活跃度数据。于是，小李接到了上级分配给他的任务：根据任务单中的数值设置，找出预备休眠的客户数据信息。（图 8-54）

| 客户升迁路径设置值 | | | 客户价值等级设置规则 | | |
|---|---|---|---|---|---|
| 项目<br>范围 | 最后购买时间 | 成功下单次数 | 参数 | 范围 | 分割范围 |
| 范围 1 | ≤ 30 | ≤ 3 | 最后购买时间 | | 90 |
| 范围 2 | 31—90 | 4—7 | 成功单数 | | 3 |
| 范围 3 | 91 ≤ | 8 ≤ | 平均成功订单价 | | 300 |

**图8-54　任务单中的数值设置**

小李登录 CRM 系统，点击"销售报表"，选择"RF"分析。（图 8-55）

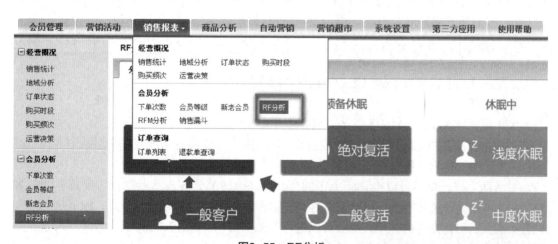

**图8-55　RF分析**

在 RF 分析中，点击"参数设置"，小李按照任务单中的数值填写数值：最后购买时间范围 1 填写小于等于"30"、范围 2 填写介于"31—90"、范围 3 填写"91"；成功下单次数范围 1 填写小于等于"3"、范围 2 填写介于"4—7"、范围 3 填写大于等于"8"。（图 8-56）

图8-56　RF数值设置

设置好之后点击"查看报表"。（图8-57）

图8-57　查看报表

　　小李从这张客户升迁路径图中可以看出，活跃中的客户人数为 1 144 人，占总客户数的 1.2%，这部分客户的购买总金额为 17 943.88，占总销售额的 0.17%；预备休眠的客户数为 17 086，占总客户数的 17.9%，这部分客户的购买总金额为 2 037 798.72，占总销售额的 19.77%；休眠中的客户数为 77 238，占总客户数的 80.9%，这部分客户的购买总金额为 8 251 278.05，占总销售额的 80.05%。

　　于是小李向上级报告了他收集到的预备休眠期的客户数据。

**案例思考：**

客户升迁周期与企业的营销策略之间有什么关系？

　　每个企业的客户都可以按照活跃度分为：休眠中客户、预备休眠客户和活跃中客户。对于每一个阶段的客户，企业需要采用不同的营销方式。

　　对活跃客户，企业可以推荐新上市的产品，保持这部分客户活跃度；对准备休眠的客户，企业可以进行销售唤醒，给这部分客户发送限时优惠券、限时抢购信息，吸引这部分客户再次购买；对休眠中的客户，企业可以进行客服回访，了解客户为什么长时间不来企业购买，并对这部分客户发送店铺关怀信息。

**第三步，了解 RFM 分析**

　　RFM 分析是企业客户价值等级分析，通过统计、分析客户的最后购买时间、成功单数、成功平均订单价三项数据，帮助企业把所有客户价值按照企业设定标准进行分类。客户价值分类可以使企业更加清晰地了解每类客户的价值，从而根据客户价值等级进行精准营销。

**案例十一：**

2017年5月，某电商企业打算进行一项针对不同价值客户的精准营销活动，进行该项活动就需要把企业所有客户进行价值等级的分类，这样就可以针对每一个价值等级的客户进行营销。进行该项活动就需要获得客户价值等级数据，于是营销组的小李接到了上级交给他的工作任务：按照等级设置规则表内容将客户进行价值等级分类，并收集每个等级客户的相关数据。

① 小李登录 CRM 系统，点击"销售报表"，选择"RFM"分析。（图8-58）

图8-58　RFM分析

② 在 RFM 分析中，点击"参数设置"，小李按照任务单中的数值填写数值：最后购买时间分割点"90"、成功的单数分割点"3"、成功平均订单价分割点"300"。（图8-59）

**RFM分析**

| | 分割范围 | | 说明 |
|---|---|---|---|
| R：最后购买时间（天） | 分割点 | 90 | 最近购买时间分割点，越小是最近时间点活跃度越高 |
| F：成功的单数（次） | 分割点 | 3 | 成功的单数的分割点，成功单数越多，客户的忠诚度越高 |
| M：成功平均订单价（元） | 分割点 | 300 | 成功平均订单价分割点，成功平均订单价越高，客户消费能力和价值越高 |

查看报表

图8-59　RFM数值设置

③ 设置好之后点击"查看报表"。（图8-60）

**RFM分析**　店铺：天猫官方旗舰店

| R：最后购买时间（天） | F：成功的单数（次） | M：成功平均订单价（元） | P：合员数量（人） | W：成功的总金额（元） | 策略 |
|---|---|---|---|---|---|
| （小于等于）90天 | （大于）3次 | （大于）300元 | 33人 | 247714.51元 | 重要保持 |
| （小于等于）90天 | （大于）3次 | （小于等于）300元 | 17752人 | 1499726.58元 | 重要发展 |
| （小于等于）90天 | （小于等于）3次 | （大于）300元 | 330人 | 179588.52元 | 重要价值 |
| （大于）90天 | （大于）3次 | （大于）300元 | 91人 | 311766.42元 | 重要挽留 |
| （小于等于）90天 | （小于等于）3次 | （小于等于）300元 | 115人 | 128733.01元 | 一般重要 |
| （大于）90天 | （大于）3次 | （小于等于）300元 | 2233人 | 1440017.55元 | 一般保持 |
| （大于）90天 | （小于等于）3次 | （大于）300元 | 1033人 | 781261.21元 | 一般挽留 |
| （大于）90天 | （小于等于）3次 | （小于等于）300元 | 74122人 | 5750472.57元 | 无价值 |

图8-60　查看报表

小李从 RFM 数据分析图中可以得出以下客户价值数据表。

### 客户价值等级分类

| 项目 价值 | 会员数量（人） | 成功的总金额（元） |
|---|---|---|
| 重要保持 | 33 | 247 714.51 元 |
| 重要发展 | 17 752 | 1 499 726.56 元 |
| 重要价值 | 330 | 179 568.52 元 |
| 重要挽留 | 91 | 311 766.42 元 |
| 一般重要 | 115 | 128 733.01 元 |
| 一般客户 | 2 233 | 1 440 017.55 元 |
| 一般挽留 | 1 033 | 781 261.21 元 |
| 无价值 | 74 122 | 5 750 472.57 元 |

于是小李把得到的数据交给了上级主管。

**案例思考：**

对不同价值等级的客户应该怎么进行营销？

对不同价值等级的客户进行针对性营销，所获得的收益大于企业没有区别的"广撒网"式营销。根据客户价值进行的营销一般只涉及重要保持、重要发展、重要价值和重要挽留四类客户。对于重要保持客户，企业可以适时给予这部分客户 VIP 资格，保持这部分客户的忠诚度；对于重要发展客户，企业可以通过满就送、搭配套餐等促销组合策略给这部分客户优惠，吸引这部分客户继续购买，提高销售总量；对于重要价值客户，企业可以向这部分客户定期发送差异类产品信息、店铺促销信息等，提高这部分客户的客单价；对于重要挽留客户，企业可以给予特定的优惠政策，如限时消费折扣，吸引这部分客户再次购买。

### 活动评价

| 评 价 项 目 | 自 我 评 价 | | 教 师 评 价 | |
|---|---|---|---|---|
| | 小 结 | 评分（5分） | 小 结 | 评分（5分） |
| 1.能说出什么是客户价值 | | | | |
| 2.能掌握客户价值分析的方法 | | | | |
| 3.能得出客户价值分析的结果 | | | | |

# 任务五　了解商品销售分析

 任务介绍

商品销售数据不但可以告诉企业管理者企业的销售情况，还可以从这些数据中分析出商品的销售特点，从而找出不同商品的销售规律，为企业改进销售管理提供帮助。在本任务中，我们将了解商品销量分析和商品关联分析，从这些分析中得出商品销售的规律和特点。

## 活动一　商品销量分析

 活动描述

商品销售是营销工作者的直接目标，那么如何把更多的商品卖出去，就需要营销人员通过分析不断来改善自己的营销方法。小李在工作中不断地学习，为提高自己的业务能力充电。在本活动中，我们将会通过小李在工作中对商品销售数据的分析，学习如何分析商品销售数据。

活动实施

**第一步，了解商品销量分析法**

商品销量分析是指商品的销售数量、库存量、销售额三项数据的分析。通过销量分析数据（图8-61），企业可以清楚地看到每款商品的销售量和库存量，并根据这两项数据及时调整商品库存。

案例十二：

| 会员管理 | 营销活动 | 销售报表 | 商品分析 ▾ | 自动营销 | 营销超市 | 系统设置 | 第三方应用 | 使用帮助 |
| --- | --- | --- | --- | --- | --- | --- | --- | --- |

▷ **商品概况**
　商品列表
　商品销量
　关联商品
　购物篮分析

**商品概况**
商品销量　库存
商品列表　**商品销量**　关联商品　购物篮分析

| 商品名称 |
| --- |
| [补贴最后2000颗]BCCJ纳豆激酶软胶囊 纳豆激酶正品 买3送1 |
| 男人保健品 洋参淫羊藿软胶囊 超秘鲁美国玛咖精片玛卡干片正品 |
| [买3送1]BCCJ辅酶Q10胶囊 Q10软胶囊300mg/粒正品 胜美国原装 |
| 男人保健品 秘鲁玛咖精片玛卡干片云南丽江黑玛卡胶囊正品 买2送1 |
| 补差价链接 |
| [买2送1]BCCJ大豆异黄酮软胶囊更年期天然雌激素片保健品正品 |

图8-61　商品销量分析

小李在时间设置中，选择"2015-4-1至2015-4-30"，点击"查询"，就可以看到公司的商品销量表。CRM系统根据每款商品的销量将其从大到小进行排列。（图8-62）

| 商品名称 | 销量 | 库存数 | 销售额 |
|---|---|---|---|
| BCCJ 康富丽牌洋参淫羊藿软胶囊 0.5g/粒*60粒*2瓶 | 5251 | 19309 | ¥355,169.00 |
| BCCJ 康富丽牌洋参淫羊藿软胶囊 0.5g/粒*60粒*3瓶套餐 | 60 | 25862 | ¥31,710.00 |
| BCCJ 康富丽牌洋参淫羊藿软胶囊 0.5g/粒*60粒 | 19 | 1195 | ¥2,144.00 |
| BCCJ 康富丽牌洋参淫羊藿软胶囊 0.5g/粒*60粒*2瓶套餐 | 18 | 10 | ¥10,152.00 |
| 【买2送1】BCCJ 纯正秘鲁玛咖精片 玛卡正品 保密发货 | 11 | 25407 | ¥869.00 |
| BCCJ B族维生素片 500mg/片*60片 | 10 | 950 | ¥427.00 |
| 【预售 拍下10天后发货】BCCJ maca精片 60粒干片正品 | 10 | 29103 | ¥890.00 |
| BCCJ 金奥力牌大豆异黄酮维E软胶囊 500mg/粒*60粒 | 7 | 3392 | ¥750.00 |
| BCCJ 康富丽牌钙加维生素D3软胶囊 1.0g/粒*200粒 | 6 | 4282 | ¥174.00 |
| 【1片顶2片】BCCJ 纯正秘鲁玛咖精片 玛卡正品 保密发货 | 5 | 10 | ¥990.00 |
| BCCJ 康富丽牌维生素C加E软胶囊 0.5g/粒*60粒 | 5 | 373 | ¥352.00 |

**图8-62　查看商品销量数据**

于是小李统计出了2015年4月的商品销售新情况和库存情况，并把商品销售数据提交给了采购部门。

**案例思考：**

商品销量与企业营销策略之间存在什么关系？

商品销量数据可以使企业清楚地了解热销产品的销量、库存和销售额数据，并及时调整热销商品的库存；企业也可以从这张表中了解到哪些产品销售量较少，及时分析这些产品销量少的原因，调整经营策略。

 活动评价

| 评 价 项 目 | 自 我 评 价 | | 教 师 评 价 | |
|---|---|---|---|---|
| | 小 结 | 评分（5分） | 小 结 | 评分（5分） |
| 1.能说出商品销售分析的数据项目 | | | | |
| 2.能掌握商品销量分析方法 | | | | |
| 3.能得出商品销售分析的结果 | | | | |

## 活动二　商品关联分析

 活动描述

在我们买东西时，经常会购买两个之间有联系的商品。例如买手机时通常会一起购买手机壳，手机和手机壳就是关联商品。在生活中有很多这样的关联商品，消费者在购买其

中一个时往往会购买另一个。作为一个卖家，小李必须知道所销售的商品中哪些是关联商品，从而在客户购买商品时推荐关联商品。

 活动实施

### 第一步，了解关联商品的含义

关联商品是根据商品的属性和消费者的购买习惯为几种不同的商品设置关联，在客户购买时系统就会自动推荐相关联的商品。在热销产品关联中，CRM 系统统计出了商品之间的关联性。关联商品分析可以帮助企业找到商品之间的关联性，并根据关联性向客户推荐商品，提高企业商品销量和销售额。

**案例十三：**

小李是一家网店的营销推广主管，公司的线上商城商品详情页面需要增加一个关联商品推荐板块，向消费者推荐相关联的商品，比如消费者购买手机，就向消费者推荐耳机、手机保护套、充电器等。这项活动，需要统计出商品与商品之间的关联度。于是小李接到了一项工作任务：根据 2015 年 4 月 1 日至 2015 年 4 月 30 日之间的销售数据，统计出销量 TOP20 中的"B 族维生素片"这种商品的关联商品和关联度数据。

① 小李登录 CRM 系统，点击"商品分析"，选择"关联商品"分析。（图 8-63）

图8-63　关联商品分析

② 在时间设置框中，选择"2015-4-1 至 2015-4-30"，在商品选择款中，点击下拉按钮，在下拉框中选择 B 族维生素片这款商品，点击"查询"。（图 8-64）

图8-64　关联商品选择

从商品关联数据明细中（图8-65），我们可以看到与B族维生素片相关联的有2款商品：金奥力牌大豆异黄酮维E软胶囊和康富丽牌维生素C加E软胶囊。其中B族维生素片与金奥力牌大豆异黄酮维E软胶囊的关联度为50%，B族维生素片与康富丽牌维生素C加E软胶囊的关联度为25%，而康富丽牌维生素C加E软胶囊与B族维生素片的关联度为33.33%。（注意A与B的关联度不一定等于B与A的关联度）

图8-65  关联商品查看

所以根据关联度值的大小，小李得出商品的推荐顺序：给购买B族维生素片的客户推荐金奥力牌大豆异黄酮维E软胶囊（也可以给金奥力牌大豆异黄酮维E软胶囊的客户推荐B族维生素片，因为关联度都为50%），给购买康富丽牌维生素C加E软胶囊的客户推荐B族维生素片。

**案例思考：**

为什么A与B的关联度可能会与B与A的关联度不一样？

假设A商品为手机，B商品为耳机，那么购买手机的消费者大多都会再购买耳机，而商家在客户购买手机时给客户推荐耳机，客户的购买率就会增加；而根据购买预测，购买耳机的消费者不一定都会购买手机，此时的消费者可能只需要一个耳机，企业给消费者推荐手机就不会起到多大效果。生活中有很多类似的例子。

### 第二步，了解购物车分析法

购物车分析是指CRM系统根据客户添加进购物车的关联商品的购买数量、购买会员数进而分析出消费者的购买偏好，得出关联商品的购买推荐指数。购物车分析可以帮助企业找到最有推荐价值的商品。

**案例十四：**

小李是一家网店的营销推广主管，2015年5月，小李所在的部门需要对一次购买多款产品的消费者进行一次精准营销，此次营销活动需要知道消费者购买的商品组合和组合商品的推荐度。于是小李接到了上级分配的一项工作任务：找到推荐度为五星的所有商品组合。

① 小李登录CRM系统，点击"商品分析"，选择"购物篮分析"。（图8-66）

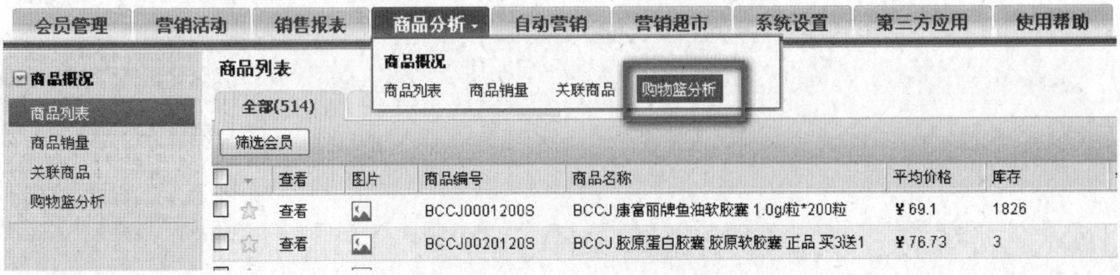

图8-66  购物篮分析

② 购物篮分析数据明细中列出了所有商品的组合购买数和推荐指数，其中前5组商品的推荐指数为五星。（图8-67）

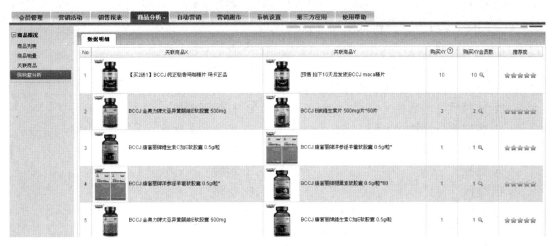

**图8-67　商品推荐**

于是小李找到了5组推荐度为五星的商品组合。

**案例思考：**

购物篮推荐度与商品推荐的关系是什么？

根据消费者购物车数据分析发现购买某种商品的客户大多还会购买另一种商品，那么下次有客户只购买其中一款商品时就向客户推荐另一款商品，这种基于数据分析的推荐往往会提高企业的销量。

| 评 价 项 目 | 自 我 评 价 | | 教 师 评 价 | |
|---|---|---|---|---|
| | 小 结 | 评分（5分） | 小 结 | 评分（5分） |
| | | | | |
| | | | | |
| | | | | |

## 练 习 题

**一、单选题**

1. 下列哪项是 CRM 的含义？　　　　　　　　　　　　　　　　（　　）

　A. 客户关系管理　　　B. 口碑营销　　　　　C. 商品销售　　　　D. 网站设计

2. 下列哪项属于电商 CRM 的功能? （　　）
    A. 运营                B. 公关
    C. 建站                D. 图片美化

3. 下列哪项属于购买分析数据? （　　）
    A. 下单时间            B. 客户名称
    C. 网站名称            D. 订单优惠

4. 下列哪一项属于订单分析数据? （　　）
    A. 未付款订单数       B. 打折订单数
    C. 客户购买时间       D. 客户购买频次

5. 下列哪一项不是客户属性? （　　）
    A. 性别                B. 年龄
    C. 地区                D. 价格

6. 下列哪一项是购买行为分析的结果? （　　）
    A. 找出购买力最大的客户的下单次数
    B. 找出企业忠诚客户
    C. 找出未付款订单的数量
    D. 找出付款订单的数量

7. 下列哪一项是客户价值分析的结果? （　　）
    A. 帮助企业找出最有价值的客户群    B. 帮助企业找出新客户
    C. 帮助企业找出老客户         D. 帮助企业找出休眠客户

8. 下列哪一项是关联商品分析的目的? （　　）
    A. 找出最好卖的商品         B. 找出价格最高的商品
    C. 找出利润最大的商品        D. 找出具有关联性的商品给客户推荐

二、多选题

1. 下列哪几项是电商 CRM 的功能? （　　）
    A. 运营                B. 营销
    C. 销售                D. 服务

2. 下面哪几个是属于客户资料? （　　）
    A. 客户地址            B. 客户电话
    C. 商品价格            D. 网站广告

3. 短信营销内容可以包括下面哪几项? （　　）
    A. 文字                B. 符号
    C. 图片                D. 视频

4. 邮件营销的内容可以包括下列哪几项? （　　）
    A. 图片                B. 链接
    C. 文字                D. 符号

5. 下列哪几项是地域分析的内容? （　　）
    A. 销量最多的地区       B. 销售额最多的地区
    C. 客户数最多的地区      D. 地理环境最好的地区

6. 下列哪几项属于购买时段分析的内容? （　　）
　　A. 下单最多的日期　　　　　　　B. 下单最多的时间
　　C. 下单最多的客户　　　　　　　D. 下单最多的地区

7. 查看销量数据可以? （　　）
　　A. 计算库存　　　　　　　　　　B. 计算盈利
　　C. 计算客户　　　　　　　　　　D. 计算地区

8. 下面哪两项是关联商品? （　　）
　　A. 手机　　　　　　　　　　　　B. 手机壳
　　C. 电脑　　　　　　　　　　　　D. 微波炉

三、判断题

1. 客户资料是 CRM 的核心。 （　　）
2. 销售是电商 CRM 的核心。 （　　）
3. 运营是电商 CRM 的功能。 （　　）
4. 营销不是电商 CRM 的功能。 （　　）
5. 邮件不可以发送商品链接。 （　　）
6. 任何商品都与其他商品具有关联性。 （　　）
7. 向客户推荐关联商品可以提高企业销量。 （　　）
8. 购买时段分析是为了找出购买力最大的客户数。 （　　）

四、案例思考

在十二届全国人大四次会议记者会上，全国人大财政经济委员会副主任委员乌日图透露，电子商务法草案稿已经形成，将尽早提请审议。另外，跨境电商税制再度传出改革传闻。

2015 年，我国网络零售额达到 4 万亿元，位居世界第一。2016 年，电商行业新政频出，这也和整个行业的规模相关。面对这种变化，阿里巴巴、苏宁等电商纷纷转向年轻消费群体，请思考年轻消费群体在电商消费的习惯和特点有哪些?

## 项目简介

随着移动互联网的发展，越来越多的人喜欢用手机等移动设备进行购物、消费。作为一名网络营销推广工作人员，小李觉得自己也必须与时俱进，了解新媒体营销并学会使用新媒体进行营销。在本项目中，我们将通过小李的新媒体营销学习过程来了解移动电子商务的概念、移动电子商务的特点、SoLoMo 的含义、O2O 营销的内容和 O2O 营销的应用场景，以及抖音的概念、发展历程、特点和营销方法。

## 项目目标

◎ 了解移动电子商务的概念；
◎ 了解移动电子商务的特点；
◎ 了解 SoLoMo 的含义；
◎ 了解 O2O 营销的内容；
◎ 了解 O2O 营销的应用场景；
◎ 了解抖音营销的内容；
◎ 了解抖音的营销方法。

# 任务一　了解移动电子商务

### 任务介绍

学习新媒体营销首先要知道移动电子商务。随着我国互联网和移动通信的迅猛发展，智能手机市场份额逐步提升，手机上网成为现代人们生活中一种重要的上网方式，人们正逐渐利用手机等移动智能终端设备进行网上支付、个人信息服务、网上银行业务、网络购物、手机订票、娱乐服务等业务，这种移动数据终端设备参与商业经营的移动电子商务正在迅速崛起，移动媒体营销成为电商营销的新战场。在本任务中，我们将了解移动电商的内容，并学习 SoLoMo 营销。

活动一　了解移动电子商务

活动描述

小李经常通过手机进行消费购物，通过手机购物比较便捷。手机购物是移动营销的一种，小李现在作为一名专业的营销人员，她不仅要会在移动端进行购物，还要学会在移动端进行营销。在本活动中，我们将和小李一起了解什么是移动电子商务。

### 活动实施

#### 第一步，了解移动电子商务的概念

移动电子商务（M-Commerce），它由电子商务（E-Commerce）的概念衍生出来，电子商务以 PC 机为主要界面，是"有线的电子商务"；而移动电子商务，则是通过手机、PDA 这些可以装在口袋里的终端与我们谋面，无论何时、何地都可以开始。

移动电子商务就是利用手机、PDA 等无线设备进行 B2B 或 B2C 的电子商务，以前这些业务一贯是在有线的 Web 系统上进行的。移动电子商务是指通过手机、PDA、掌上电脑等手持移动终端从事的商务活动。

与传统通过电脑（台式 PC、笔记本电脑）平台开展的电子商务相比，移动电子商务拥有更为广泛的用户基础。2016 年 1 月份，国内移动电商用户规模为 4.12 亿，相比去年的 3.27 亿增长了 25%。2015 年 11 月，受"双十一"促销拉动，中国移动电商用户规模一度突破 5 亿，达到了 5.05 亿。从阿里淘宝和天猫来看，70%—80% 的访客来自无线，60%—70% 的交易来自无线。过去的 PC 时代和其带来的各种电商模式已经开始进入非常快速的转移，进入了移动电商的时代。

#### 第二步，了解移动电子商务的发展历程

随着移动技术、计算机技术和移动终端技术的发展，移动电子商务技术已经经历了三代。

第一代移动电子商务技术以短讯为基础，存在着许多严重的缺陷，其中最严重的问题是实时性较差，查询请求不会立即得到回答。此外，由于短讯信息长度的限制也使得一些查询无法得到一个完整的答案。这些令用户无法忍受的严重问题也导致了一些早期使用基于短讯的移动电子商务系统的部门纷纷要求升级和改造现有的系统。

第二代移动电子商务系统采用基于 WAP 技术的方式，手机主要通过浏览器的方式来访问 WAP 网页，以实现信息的查询，部分地解决了第一代移动访问技术的问题。第二代的移动访问技术的缺陷主要表现在 WAP 网页访问的交互能力极差，因此极大地限制了移动电子商务系统的灵活性和方便性。此外，由于 WAP 使用的加密认证的 WTLS 协议建立的安全通道必须在 WAP 网关上终止，形成了安全隐患，所以 WAP 网页访问的安全问题对于安全性要求极为严格的商务系统来说也是一个严重的问题。这些问题也使得第二代技术难以满足用户的要求。

第三代移动电子商务系统融合了 3G 移动技术、智能移动终端、VPN、数据库同步、身份认证及 Web Service 等多种移动通讯、信息处理和计算机网络的最新的前沿技术，以专网和无线通讯技术为依托，使得系统的安全性和交互能力有了极大的提高，为电子商务人员提供了一种安全、快速的现代化移动执法机制。

#### 第三步，了解移动电子商务的特点

**（1）更具开放性、包容性**

移动电子商务因为接入方式无线化，使得任何人都更容易进入网络世界，从而使网络范

围的延伸更广阔、更开放；同时，使网络虚拟功能更带有现实性，因而更具有包容性。

**（2）具有无处不在、随时随地的特点**

移动电子商务的最大特点是"自由"和"个性化"。传统电子商务已经使人们感受到了网络所带来的便利和快乐，但它的局限在于必须有线接入，而移动电子商务则可以弥补传统电子商务的这种缺憾，可以让人们随时随地结账、订票或者购物，感受独特的商务体验。

**（3）潜在用户规模大**

目前我国的移动电话用户已接近 4 亿，是全球之最。显然，从电脑和移动电话的普及程度来看，移动电话远远超过了电脑。而从消费用户群体来看，手机用户中基本包含了消费能力强的中高端用户，而传统的上网用户中以缺乏支付能力的年轻人为主。由此不难看出，以移动电话为载体的移动电子商务不论在用户规模上，还是在用户消费能力上，都优于传统的电子商务。

**（4）能较好确认用户身份**

对传统的电子商务而言，用户的消费信用问题一直是影响其发展的一大问题，而移动电子商务在这方面显然拥有一定的优势。这是因为手机号码具有唯一性，手机 SIM 卡片上存贮的用户信息可以确定一个用户的身份，而随着未来手机实名制的推行，这种身份确认将越来越容易。对于移动商务而言，这就有了信用认证的基础。

**（5）定制化服务**

由于移动电话具有比 PC 机更高的可连通性与可定位性，因此移动商务的生产者可以更好地发挥主动性，为不同顾客提供定制化的服务。例如，商家开展依赖于包含大量活跃客户和潜在客户信息的数据库的个性化短信息服务活动，并利用无线服务提供商提供的人口统计信息和基于移动用户当前位置的信息，可以通过具有个性化的短信息服务活动进行更有针对性的广告宣传，从而满足客户的需求。

**（6）移动电子商务易于推广使用**

移动通信所具有的灵活、便捷的特点，决定了移动电子商务更适合大众化的个人消费领域，比如：自动支付系统，包括自动售货机、停车场计时器等；半自动支付系统，包括商店的收银柜机、出租车计费器等；日常费用收缴系统，包括水、电、煤气等费用的收缴等；移动互联网接入支付系统，包括登录商家的 WAP 站点购物等。

**（7）移动电子商务领域更易于技术创新**

移动电子商务领域因涉及 IT、无线通信、无线接入、软件等技术，并且商务方式更具多元化、复杂化，在此领域内很容易产生新的技术。随着我国 3G 网络的兴起与应用，这些新兴技术将转化成更好的产品或服务。所以移动电子商务领域将是下一个技术创新的高产地。

 活动评价

| 评 价 项 目 | 自 我 评 价 | | 教 师 评 价 | |
|---|---|---|---|---|
| | 小 结 | 评分（5分） | 小 结 | 评分（5分） |
| 1.能说出移动电子商务的含义 | | | | |
| 2.能说出移动电子商务的特点 | | | | |
| 3.能了解移动电子商务的发展历程 | | | | |

## 活动二　了解移动电子商务提供的业务

### 活动描述

移动电子商务处理我们常见的收集购物，还有很多业务形式。在本活动中，我们将了解一些常见的移动电子商务业务类型。

### 活动实施

**第一项，了解移动银行业务**

移动电子商务使用户能随时随地在网上安全地进行个人财务管理，进一步完善因特网银行体系。用户可以使用其移动终端核查其账户、支付账单、进行转账以及接收付款通知等。（图 9-1）

**图9-1　手机银行**

**第二项，了解移动交易应用**

移动电子商务具有即时性，因此非常适用于股票、基金等交易应用。移动设备可用于接收实时财经新闻和信息，也可确认订单并安全地在线管理股票交易。（图 9-2）

图9-2　手机炒股

**第三项，了解移动订票业务**

通过因特网预订机票，车票或入场券已经发展成为一项主要业务，其规模还在继续扩大。因特网有助于方便核查票证的有无，并进行购票和确认。移动电子商务使用户能在票价优惠或航班取消时立即得到通知，也可支付票费或在旅行途中临时更改航班或车次。借助移动设备，用户可以浏览电影剪辑、阅读评论，然后订购邻近电影院的电影票。（图 9-3）

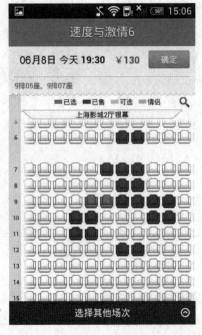

图9-3　手机选座

### 第四项，了解移动网上购物

借助移动电子商务，用户能够通过其移动通信设备进行网上购物。即兴购物会是一大增长点，如订购鲜花、礼物、食品或快餐等。传统购物也可通过移动电子商务得到改进。例如，用户可以使用"支付宝"扫码等支付方式，在商店里或自动售货机上进行购物。（图9-4）

图9-4　手机扫码支付

### 第五项，了解移动娱乐服务

移动电子商务将带来一系列娱乐服务。用户不仅可以从他们的移动设备上收听音乐，还可以订购、下载或支付特定的曲目，并且可以在网上与朋友们玩交互式游戏。（图9-5）

图9-5　移动游戏

### 第六项，了解移动医疗产业

医疗产业的显著特点是每一秒钟对病人都非常关键，这一行业十分适合于移动电子商务的开展。在紧急情况下，救护车可以作为进行治疗的场所，而借助无线技术，救护车可以在移动的情况下同医疗中心和病人家属建立快速、动态、实时的数据交换，这对每一秒钟都很宝贵的紧急情况来说至关重要。在无线医疗的商业模式中，病人、医生、保险公司都可以获益，也会愿意为这项服务付费。这种服务是在时间紧迫的情形下，向专业医疗人员提供关键的医疗信息。由于医疗市场的空间非常巨大，并且提供这种服务的公司为社会创造了价值，同时，这项服务又非常容易扩展到全国乃至世界，所以我们相信在这整个流程中，存在着巨大的商机。（图9-6）

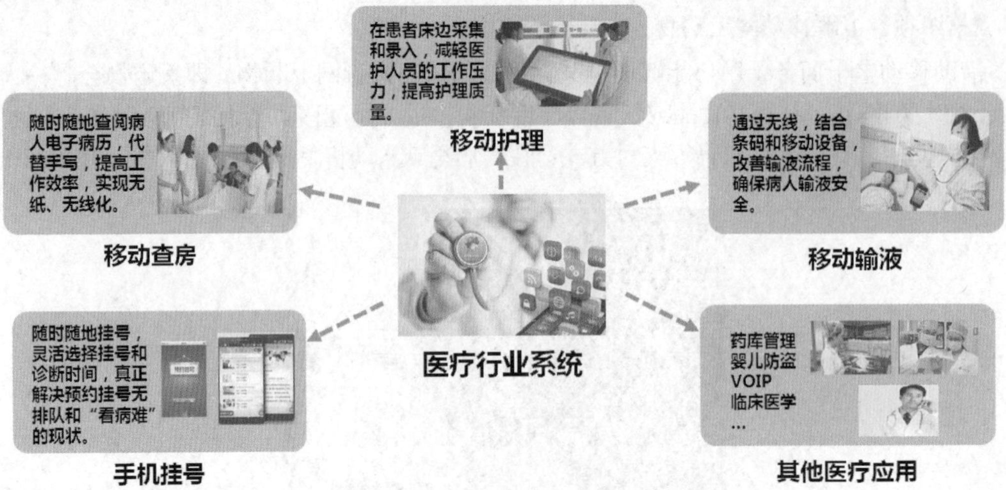

图9-6 移动医疗

### 第七项，了解移动应用服务提供商（MASP）

移动应用服务提供商是指为用户移动应用提供定位服务技术、信息服务、WAP 技术、安全技术、Call Center 技术等支持的服务商。例如，APICloud 作为中国首个"云端一体"的移动应用云服务提供商，为开发者从"云"和"端"两个方向提供 API（Application Programming Interface，应用程序编程接口），任何移动应用都离不开"云 API"提供强大的数据和服务，也离不开"端 API"提供完善的设备功能与交互体验，APICloud 为用户提供移动商务数据服务和开发技术服务。

移动电子商务作为一种新型的电子商务方式，利用了移动无线网络的优点，是对传统电子商务的有益补充。尽管目前移动电子商务的开展还存在安全与宽带等很多问题，但是相比传统的电子商务方式，移动电子商务具有诸多优势，得到了世界各国普遍重视，发展和普及速度很快。

## 活动评价

| 评 价 项 目 | 自 我 评 价 | | 教 师 评 价 | |
|---|---|---|---|---|
| | 小 结 | 评分（5分） | 小 结 | 评分（5分） |
| 1. 能说出常见的移动电商业务 | | | | |
| 2. 能掌握几种移动电商业务的应用 | | | | |
| 3. 能了解移动业务为我们生活提供的便利 | | | | |

## 活动三　了解SoLoMo

### 活动描述

移动电子商务的发展不断呈现出社会化、本地化和社会化的特点，即 SoLoMo。在本活动中，我们将了解 SoLoMo 的主要内容。

### 活动实施

#### 第一步，了解 SoLoMo 的含义

SoLoMo 营销模式，是指结合社会化 Social、本地化 Local、移动化 Mobile 的新型市场营销模式。

其中，社会化主要基于以微博和 SNS 为代表的社会化互动媒体，本地化主要基于 LBS 地理位置的服务，移动化主要基于手机和平板电脑等移动平台。Social 是当下乃至未来的潮流，而 Local 和 Mobile 则是建立在 Social 这个大平台下进行有特色的发展。从最开始的 Facebook 到当下炙手可热的人人网这样的"So"已深入人心。而"Lo"则代表着以 LBS 为基础的各种定位和签到，如 Foursquare、街旁，也包括 Facebook Places 和人人的报到；"Mo"则是根据智能手机、Pad 等移动终端应运而生的各种移动互联网应用。

#### 第二步，了解 Social 的含义

Social 是由最初的 Facebook、Twitter 到国内后起之秀人人网等这些 SNS[①]社区所掀起的社交活动，通过虚拟世界的社交来为现实生活提供价值。

类似 Mertado、微信朋友圈这样的社交网站把具有相同兴趣的访问者集中到网站这个虚拟空间，访问者能在这里相互沟通，由于聚集、参与的人数较多，因此网站不仅具有交友功能，还能成为营销场所。

#### 案例一：购物社交化："Mertado"分享式购物

当人们对于 SNS 社交网站使用越来越多时，基于 SNS 的很多商业性开发网站不断涌现。今天所介绍的网站 Mertado 要做的是"社交化购物"（social shopping）平台，通过 SNS 平台进行优惠性商品买卖交易。

Mertado 网站上，用户既能买到优惠的商品，节约金钱，又能增强与朋友的互动。Mertado 的商品交易仅限于自己的会员，而这些会员主要来自用户的不断推荐，由此构成一个半封闭的社交购物平台。（图 9-7）

Mertado 网站目前每天仅提供一件商品交易，仅限于会员交易。不过会员是可以不断推荐的，通过 SNS 等平台发送邀请链接，最终实质购买的用户和其推荐人都将获得 5 美元的现

---

① SNS，全称 Social Networking Services，即社会性网络服务，专指旨在帮助人们建立社会性网络的互联网应用服务。SNS 的另一种常用解释：全称 Social Network Site，即"社交网站"或"社交网"。社会性网络（Social Networking）是指个人之间的关系网络，这种基于社会网络关系系统思想的网站就是社会性网络网站（SNS 网站）。来源：http://baike.baidu.com/view/8258.htm

图9-7　Mertado

金奖励。无论是其用户，还是推广方式，都充分借助 Facebook\Twitter 等 SNS 平台方式，用户可以直接通过 Facebook 账号登录，而在传播的过程中，也将直接把 Mertado 网站的商品链接发送到各个用户那里。

其实 Mertado 网站的购物方式很容易理解，基于 SNS 平台，不断地将链接推送到各处，然后带来可能性的交易，而其商品的价格、功能等又确实具有吸引力，Mertado 网站自然就能做得不错。而且随着 Facebook 即将推出统一的虚拟货币，说不定将来也可以通过虚拟货币直接购物或发送奖励。

**案例二：微信朋友圈**

微信朋友圈是腾讯微信的一个功能，用户可以在自己的朋友圈发表文字和图片，同时可查看好友发布的状态信息并进行评论或点"赞"；也可以将微博、QQ、网页中的其他信息分享至朋友圈。微信上的朋友圈可以调用手机的 GPS 功能，对发送时的地理位置进行定位，用户在发布状态时允许地理位置可见的话，那么发布出来的信息就可以看到地理位置信息。（图9-8）

图9-8　微信朋友圈

类似于微信朋友圈这样的 SNS 社区就是我们所谓的 Social，使用移动终端这个 Mobile 进行定位获取服务信息，而 LBS 恰是 Local。

### 第三步，了解 Local 的含义

随着智能手机、Pad 等移动终端的发展，地区性、小范围的资讯会越来越完善，这就需要用到 LBS（Location-Based Service）功能。

这里以在团购乱象中杀出重围的本地化社区"大众点评"为例。

在团购网站，消费者更喜欢团生活服务类商品和服务，也更容易接受这种在线支付购买线下的商品和服务，再到线下去享受服务的模式。团购平台从一天一款、一款卖一天，到一天多款、一款卖多天，从单纯商品到商品、服务一系列，从一个城市辐射到全国，团购平台根据消费者的购物心理和需求在不断完善。团购这种电子商务形式，正在向商品多样化、注重生活服务折扣方式发展。

消费者在网上寻找自己需要的商品和服务，然后消费者再到现实的商店中去消费。这是支付模式和为店主创造客流量的一种结合。消费者通过移动终端在大众点评网站了解相关资讯后，再到线下的商家去消费，根据别人在此分享的图片和信息了解商品或服务后，再决定是否消费或在体验之后再支付费用。这种偏向于线下消费的模式，更利于消费者进行甄别和选择，让消费者感觉会比较踏实。

2003 年，雏形阶段的大众点评网以第三方发表餐饮评论为主。到目前为止，大众点评主要有四个盈利方向，分别是优惠券、团购、关键词（竞价排名）和移动互联网。

像大众点评网这种点评网站依托本地营销团队和用户评价带来的口碑确定 SoLoMo 战略。"签到"已不是大众点评所提供的 LBS 平台的唯一模式，消费者还可以使用其提供的全面的生活服务信息。大众点评模式在众团购中的崛起很好地证明了，具有精良的本地营销团队和足够吸引力的商户网站，只有结合团购和 LBS 平台，才能真正将本地化移动社区的营销功能发挥出来。

① 如图 9-9 所示，为大众点评安卓版手机客户端首页，我们可以根据自己的需要选择定位的距离。例如：我们选择"美食"类商户。

图9-9　大众点评

② 我们可以根据自己的需要选择定位距离的长短。（图 9-10）

图9-10　位置设置

### 案例三：百度地图的全能化发展

伴随着移动互联网大潮，几乎所有的线下商家都把手机用户当成目标，营销重点开始向移动端转移，这无疑加速了移动应用适配线下商家的速度。这也就催生了线上流量的聚集度日益高涨，继而各入口级产品的战略优势也愈发稳固。以百度地图为例，这个以查询出行线路闻名的入口级产品，正在大步走向"生活方式导师"的路上。

在早期的在线地图上，我们能够获取到的 POI（信息点）有限，在线地图主要功能是辅助规划出行路线和乘车方式。在移动互联网时代，在线地图早已不仅仅是查路线的工具，其与线下服务关系最紧密，具备成为移动端最大流量入口的潜力。从基于 LBS 的各种线下服务到接入 OTA，百度地图围绕着地图带来的服务除了提供领先的交通规划、路线导航等基础功能外，还集合关于美食、酒店、银行、商场、电影院等各类丰富的生活服务信息以及打车、实时公交等线下生活服务功能，构建全方位的服务信息布局。

① 打开百度地图 APP，点击"发现周边服务"。（图 9-11）

② 可以看到百度地图的社会服务包括了出行、住宿、美食、旅游、汽车、休闲娱乐等方面，几乎概括了我们生活的各个方面。例如：点击"发现美食"。（图 9-12）

③ 选择地理位置和搜索范围，选择 1 000 米。（图 9-13）

④ 可以看到附近 1 000 米内的美食，在美食列表中点击"肯德基"。（图 9-14）

⑤ 可以看到该家店铺信息和客户评价，用户还可以通过 ⬆分享 把店铺分享给自己的好友，通过 ✐点评 发表对这家店铺的评价。（图 9-15）

⑥ 用户点击 🛵外卖 既可以进入该店铺的商品页面，又可以通过该页面完成商品选择和订单支付。（图 9-16）

图9-11　百度地图

图9-12　百度地图发现美食

图9-13　位置设置

图9-14　商家搜索

图9-15　商家评价

图9-16　点单

**第四步，了解 Moble 的含义**

以前人们以 PC 为中心，随着移动终端的发展，这个中心正在向 "Mo" 转移。Social 和 Local 发展的落脚点还是在终端，故未来主要在 "Mo"。随着 Mobile Internet 的崛起，Mobile 将超越 PC，成为人们上网的主流方式。

现在越来越多的人通过手机 APP 进行交流，微信和陌陌是移动社交 APP 的代表，两者在功能方面有很多类似的地方：

**社交**

用户通过微信和陌陌都可以给自己的好友发送语音、图片、文字等信息，和自己的好友进行交流。用户也可以把自己想要发布的信息发在自己的朋友圈，朋友可以留言或点赞，或者把其他网站上的信息分享给自己的朋友。

**定位**

微信和陌陌都可以通过调用手机 GPS 定位功能，对用户进行地理位置定位。用户在朋友圈发布的信息可以看见其发布时所处的地理位置，也可以通过 "摇一摇"、"附近的人" 等功能搜索在自己附近的人并与其交流。

**移动营销**

无论是朋友圈营销、微店还是企业广告，越来越多的企业瞄准了移动营销，而用户量巨大的微信、陌陌则成了移动营销的必争之地。（图 9-17）

图9-17 微信、陌陌

SoLoMo 的重要性在于它改变了互联网接入的终端，从桌面到手机，从静止到移动，整个用户体验都在发生变化。需要服务商转变桌面电脑时代的思维应战这场变革，并利用前期拥有的强大平台，将注意力转移到移动终端领域。

### 活动评价

| 评 价 项 目 | 自 我 评 价 | | 教 师 评 价 | |
|---|---|---|---|---|
| | 小 结 | 评分（5分） | 小 结 | 评分（5分） |
| 1. 能说出 SoLoMo 的含义 | | | | |
| 2. 能说出百度地图中的 SoLoMo 应用 | | | | |
| 3. 能说出微信中的 SoLoMo 的应用 | | | | |

# 任务二 了解O2O营销

 任务介绍

如今的营销是以客户为中心的营销，客户客流量是销售之本。电商企业在流量成本高涨的情况下，对 CRM 服务的需求也会越来越强烈。在本任务中，我们将了解电子商务 CRM 的含义和主要内容，以及 CRM 系统下的精准营销。

## 活动一 了解O2O营销的基本情况

 活动描述

O2O 是一种新发展起来的营销模式，是电子商务交易模式的一种创新。在本活动中，我们将了解 O2O 营销的概念和发展。

### 活动实施

**第一步，了解 O2O 的概念与发展**

随着互联网的快速发展，电子商务模式除了原有的 B2B、B2C、C2C 商业模式之外，近来一种新型的消费模式 O2O 已快速在市场上发展起来。O2O 即 Online To Offline，是指将线下的商务机会与互联网结合，让互联网成为线下交易的前台。

O2O 的概念非常广泛，只要产业链中既可涉及线上，又可涉及线下，就可通称为 O2O。O2O 电子商务模式需具备五大要素：独立网上商城、国家级权威行业可信网站认证、在线网络广告营销推广、全面社交媒体与客户在线互动、线上线下一体化的会员营销系统。

O2O 的发展大致经历了以下 3 个阶段：

在发展的第一个阶段，O2O 线上线下初步对接，主要是利用线上推广的便捷性等把相关的用户集中起来，然后把线上的流量转移到线下，主要领域集中在以美团为代表的线上团购和促销等。在这个过程中，体现了单向性、黏性较低等特点。平台和用户的互动较少，基本上以交易的完成为终结点。用户更多是受价格等因素驱动，购买和消费频率等也相对较低。

发展到第二阶段后，O2O 基本上已经具备了目前大家所理解的要素。这个阶段最主要的特色就是升级为服务性电商模式：包括商品（服务）、下单、支付等流程，把之前简单的电商模块，转移到更加高频和生活化的场景中来。由于传统的服务行业一直处在一个低效且劳动力消化不足的状态，在新模式的推动和资本的催化下，出现了 O2O 的狂欢热潮，于是上门按摩、上门送餐、上门生鲜、上门化妆、滴滴打车等各种 O2O 模式开始层出不穷。

在这个阶段，由于移动终端、微信支付、数据算法等环节的成熟，加上资本的催化，用户出现了井喷，使用频率和忠诚度开始上升，O2O 开始和用户的日常生活融合，成为生活中密不可分的一部分。但是，在这中间，有很多造成很繁荣假象的需求，由于资本的大量补贴等，虚假的泡沫掩盖了真实的状况。很多并不是刚性需求的商业模式开始浮现，如按摩、洗车等。

到了第三个发展阶段，O2O 开始了明显的分化，一个是真正的垂直细分领域的一些公司开始凸显出来。比如专注于快递物流的"速递易"，专注于高端餐厅排位的"美味不用等"，专注于白领快速取餐的"速位"。另外一个就是垂直细分领域的平台化模式发展。由原来的细分领域的解决某个痛点的模式开始横向扩张，覆盖到整个行业。

**案例四：大润发："乡镇低线市场 + 飞牛网"的 O2O 模式**

**所属行业：**商场超市

**案例概述：**"大润发"正式上线 B2C 平台飞牛网，在飞牛网运行半年后，携手喜士多便利店推行 O2O "千乡万馆"项目，建立飞牛网购体验馆，实施 O2O 战略。飞牛网设置网购体验馆，旨在服务大润发服务不到的地区。飞牛网还将借力其他便利店、社区服务中心、乡镇连锁小店、加油站、专卖店等探索多元化通路"大润发"O2O 平台。"飞牛网"将展开四项 O2O 规划，分别是：生鲜 O2O、门店发货 O2O、门店电子屏 O2O 以及千乡万馆 O2O。

**生鲜 O2O**

在线上平台推出生鲜产品，并让用户进行选购，这与本地化 O2O 服务息息相关。

**门店发货 O2O**

"飞牛网"目前只是在上海、江苏、浙江以及安徽进行配送，其准备计划将门店作为"大润发"的发货点，其利用门店可以快速铺设到全国。预计明年初，全国市场便可布局完毕，全国用户即可上线选购并享受快捷的本地化物流服务。（图 9-18）

图9-18　飞牛网

**门店电子屏 O2O**

现在"大润发"的门店，商品大概在两三万种，品种种类不能满足用户的需要。超市设想在门店里安放电子屏，扩充门店商品种类，并通过扩大种类，给线上平台进行引流，将用户更多的需求留在"大润发"线上与线上的闭环之中。

**千乡万馆 O2O**

推动乡镇等 O2O 未惠及区域，以线下服务实体的形式，将"大润发"网络覆盖扩展到更多用户面前。

**案例点评：**"大润发"作为传统零售企业，积累了长久的用户资源和较好的口碑，其借飞牛网设置"千乡万馆"的 O2O 战略，以点带面，在很大程度上满足了用户需求，也能更好地实现线下切入线上，线上商业线下服务的互补，为未来用户市场的开拓争取更多的资源。大润发 O2O 模式将成为商超类进入互联网的借鉴。

**案例五：美乐乐："线下体验馆 + 线上家装网"的 O2O 模式**

**所属行业：**家居建材

**案例概述：**"美乐乐"选择将线上作为根据地，可以吸引到全国的流量，节省线下门店的租金，从而将售价降低，占据价格优势，吸引消费者。"美乐乐"又涉足线下体验馆，主要供线上体验作用，将线上流量转化为线下交易量。不仅作为当地城市的实景展厅，还作为小型仓库，缩短家具运输距离。另外，"美乐乐"还创建装修网，整合了多种家居、家装资讯，细化生态链中多个消费环节。"美乐乐"还通过集中 SKU，把每一个产品的量加大，从而大幅降低生产成本，"美乐乐"有了规模效应以后，不仅生产、运输，各方面都可以提升，还使生产与运输两个环节就获得了 20% 左右的成本优势。（图 9-19）

图9-19 "美乐乐"家具

**案例分析：**"美乐乐"家居网是根据其自身发展，从传统的 B2C 业务拓展出了"美乐乐家居体验馆"这一线下平台，"美乐乐"的本质是降低了过去冗长的销售渠道和高成本，打破了过去企业和消费者信息不对称下的价格虚高。

**案例六：苏宁"门店到商圈 + 双线同价"的 O2O 模式**

**所属行业：**零售

**案例概述：**苏宁的 O2O 模式是以互联网零售为主体的"一体两翼"的互联网转型路径。苏宁利用自己的线下门店，以及线上平台，实现了全产品全渠道的线上线下同价，帮助苏宁打破了实体零售在转型发展中与自身电商渠道左右互搏的现状。O2O 模式下的苏宁实体店不再是只有销售功能的门店，而是一个集展示、体验、物流、售后服务、休闲社交、市场推广

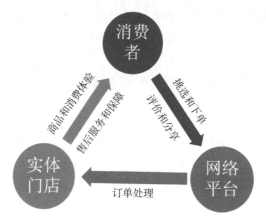

图9-20　苏宁O2O

为一体的新型门店——云店，店内将开通免费 WIFI、实行全产品的电子价签、布设多媒体的电子货架，利用互联网、物联网技术收集分析各种消费行为，推进实体零售进入大数据时代。（图 9-20）

苏宁的线上线下融合的 O2O 模式，概括起来就 8 个字：一体、两翼、三云、四端。

"一体"，就是要坚守零售本质。不管零售业态怎么变、渠道怎么变，苏宁始终坚守顾客服务、商品经营的零售本质，并充分运用互联网、物联网、云计算等新工具，创新商品经营模式和顾客服务方式，实现科技零售和智慧服务。

"两翼"，就是打造线上线下两大开放平台。线上是苏宁云平台，向全社会开放企业前后台资源，建立品牌商品与品质流量的良性互动；线下是苏宁云店，围绕本地生活全面开放，集展示、体验、服务、引流、销售于一体，营造城市生活的空间，创设顾客服务的场景。

"三云"就是围绕零售本质，把零售企业的"商品、信息和资金"这三大核心资源社会化、市场化，建立面向供应商和消费者以及社会合作伙伴开放的物流云、数据云和金融云。张近东指出，企业资源云化，既是观念的突破，也是技术的突破，更是企业商业模式和盈利方式的突破。

"四端"就是围绕线上线下两翼平台，因时因地因人，融合布局 POS 端、PC 端、移动端、电视端。

**案例分析**：O2O 模式打破了渠道的天花板，实现了线上线下经营的互联网化。过去，零售商渠道的增加靠的是不断开店，但门店不可能无限开下去，成本效益总有极限。借助于互联网的技术，零售商可以把线下的商品和服务搬到线上，建立覆盖用户全渠道的消费场景。苏宁前瞻性地把握这一趋势，探索出了"一体两翼三云四端"的 O2O 模式，为大中型企业快速触网、中小零售企业 O2O 升级提供了平台资源，进而带动中国新一轮经济改革升级和绿色 GDP 增长。

**第二步，了解 O2O 营销的特点和商业应用**

O2O 模式的三个特点：

**（1）必须由线上和线下两个部分组成**

O2O 从概念上讲是 Online 和 Offline，即线上和线下，但这个线上不一定是互联网，以后是万物联网后，当饮水机没有水了，它会自动预定水，直接对接送水公司数据库，不通过人工操作手机或电脑，但它必须有线上和线下的互动，可能是线下触动线上，也可能是线上触动线下，二者缺一不可，这样才能形成 O2O 的价值。

**（2）服务标准 C 端**

O2O 相对于 C2B，两者的差异在于 O2O 的标准在 C 端，C2B 的标准是在 B 端。C2B 与顾客的关系是一种教化与被教化的关系，比如华为生产手机，只需要打好统一的说明书，指导顾客使用与保养即可，是典型的工业化生产模式。O2O 虽然生产商品或者服务，但更多是按顾客需求定制，满足顾客的个性需求，这就是落后生产力与超前服务思维的矛盾，O2O 火而不旺，最大原因就在于此，所以无法做到 C 端的满意。

**（3）B、C 端参与链交互延长**

一般情况下商家通过线下的服务来延长交易参与链，尽量通过自身的优势获取客户，消费者则通过线上的信息获取来延长交易参与链，通过货比三家选择最优。但不管是商家还是消费者，这种参与链都是彼此交互延长，尽量减少第三方参与来使得自身利益最大化，比如 O2O 外卖，商家就是延长物流配送服务，消费者线上选择，延长信息获取。

 活动评价

| 评 价 项 目 | 自 我 评 价 | | 教 师 评 价 | |
|---|---|---|---|---|
| | 小 结 | 评分（5分） | 小 结 | 评分（5分） |
| 1. 能说出 O2O 的含义 | | | | |
| 2. 能说出 O2O 交易模式 | | | | |
| 3. 能了解 O2O 营销的特点 | | | | |

## 活动二　了解 O2O 模式 4 个核心的应用场景

 活动描述

　　小李在日常生活中，买东西可以扫二维码，骑共享单车也刷二维码，了解商品信息用手机扫描商品条码……其实这些都是 O2O 的应用。

 活动实施

**第一步，了解 O2O 模式 4 个核心的应用场景**

随着本地化电子商务的发展，信息和实物之间、线上和线下之间的联系变得愈加紧密。O2O 模式让电子商务网站进入一个新的阶段，催化本地生活服务业电子商务的爆发。将线

上虚拟经济与线下实体经济完美结合的O2O模式孕育着一个更大的市场，O2O模式的四大核心应用场景将成为下一代互联网参考的蓝本。

（1）在互联网上发现生活服务，通过网络支付购买，再到线下来接受服务，线上（互联网）到线下模式，相关产品：淘宝网，大众点评网，口碑网

**案例七：淘宝网本地服务**

淘宝网本地服务就为用户提供了各式各样的本地生活服务项目，涵盖家居家政、招聘求职、婚纱摄影等上百种服务项目。这些服务项目的购买方式与淘宝商品购物流程相同，用户通过在网上选择自己想要的服务并完成支付，就可以在线下享受服务。（图9-21）

图9-21 淘宝本地服务

（2）在移动互联网上发现服务，通过手机支付，再到线下接受服务，是线上（移动互联网）到线下模式，相关产品：手机点评，百度身边，切客

**案例八：百度身边**

百度身边是一款基于地理位置的本地生活类产品，是以美食、购物、休闲娱乐、丽人、健身、酒店、便民等为主的本地生活信息搜索和分享平台，为用户提供优惠打折信息以及消费决策支持。（图9-22）

与现有多数点评类网站不同的是，"百度身边"借助了百度搜索技术，与搜索引擎结合得更加紧密，其基于LBS的数据挖掘和处理技术，整合了百度旗下的地图、无线等资源优势。

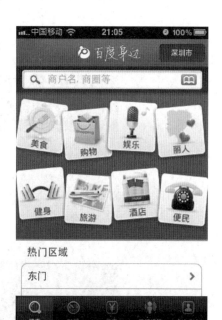

图9-22 百度身边

（3）在线下扫码(FRID、条形码或二维码）获取信息，手机上支付，通过物流来快递给消费者，是线下到线上（移动互联网）模式，相关产品：快拍购物搜索，手机淘宝

**案例九：快拍购物搜索**

快拍购物搜索是一款手机端的购物比价软件，通过扫描商品上的条形码识别商品的名称、价格等信息。用户在购物时，轻松做到货比三家，防止欺诈的发生。安装快拍购物搜索后只要拿出手机轻轻一扫，商品条码对应的商品价格、厂家、商店位置立即呈现，轻松选择最近最便宜的购物点或在线网店，体验一站式移动购物带来的便利！有了它，多家著名网店所有商品价格尽收其中！坐享火拼低价带来的快乐！

① 扫描商品条码，查看商品信息进行商品价格比较。（图9-23）

图9-23　快拍购物

② 选择商品，填写收货地址。（图9-24）

图9-24　填写收货信息

③ 完成支付。商品通过物流送达给消费者。（图9-25）

图9-25　完成支付

（4）在线下扫码（FRID、条形码或二维码）获取信息，手机上支付，再到线下来接受服务，是线下到线上再到线下模式，相关产品：快拍二维码

快拍二维码是一款手机二维码和一维码扫码解码软件，通过调用手机镜头的照相功能，用软件快速扫描识别出条形码和二维码内的信息。用户通过扫描二维码了解商品信息并完成商品的手机支付。

① 线下手机扫描商品条码，查看商品信息。（图 9-26）

图9-26　手机扫码查看商品信息

② 手机扫描支付，用户获得商品。（图9-27）

图9-27　手机扫码支付

| 评 价 项 目 | 自 我 评 价 | | 教 师 评 价 | |
|---|---|---|---|---|
| | 小　结 | 评分（5分） | 小　结 | 评分（5分） |
| 1. 能说出 4 种 O2O 的核心应用场景 | | | | |
| 2. 能说出每种场景的应用特点 | | | | |
| 3. 能掌握不同应用场景的分析 | | | | |

# 任务三　抖音营销

在传播形式日益多元化的今天，短视频平台的地位越来越重要，碎片时间观看短视频成为现代人越来越常见的放松方式。大量的个人、普通商家乃至于品牌商家进入短视频平台进行营销推广，这种短视频平台参与商业经营的移动电子商务正在迅速崛起。抖音作为现有短视频平台的突出代表，自然成为我们的首要研究和学习的对象。在本任务中，我们将了解抖音的概念、发展历程、特点和营销方法。

## 活动一 了解抖音的概念、发展历程、特点

### 活动描述

小李发现不少朋友最近总是在用手机刷一个短视频APP。朋友们告诉他这是抖音平台，在这个平台上，每日活跃用户量已经超过1.5亿，众多企业都已经或者准备使用抖音平台进行推广营销。小李现在作为一名专业的营销人员，她不仅要会常规的网络营销，还需要在新兴平台抖音进行营销策划。在本活动中，我们将和小李一起了解什么是抖音以及它的发展历程和特点。

### 活动实施

**第一步，了解抖音的概念**

抖音是一个专注年轻人的15秒音乐短视频社区，是"今日头条"旗下最重要的短视频平台。

对于发布者来说，抖音平台不仅可以发布制作好的短视频，还可以在平台上进行直播。对于发布者来说，在抖音上可以选择歌曲，配以短视频，创造自己的作品。发布者不仅可以对嘴型，还可以通过视频拍摄快慢、滤镜、贴纸、编辑、特效等技术让视频更加具有创意和特色。抖音短视频还有内置的音乐库，用户可以随意选择音乐作为背景音乐。抖音支持自选音乐，并可以将视频分享到微信好友、朋友圈、微博、QQ空间。（图9-28）

图9-28 抖音的自我定位

自影像技术诞生以来，全世界范围内最受欢迎的短视频就是 MV(music video)，但是 MV 拍摄困难，能随机对着镜头表演一下的人不少，但能随时随地对着镜头说一段唱一段的人不多，Dubsmash（一款国外的对口型配音 App）的对嘴表演模式创造性地解决了这个问题，通过音频和台词剧本，用户只需要表演，而且音频时长很短不到 10 秒，表达变得很容易，也增加了趣味性，因此内容也变得容易流行。抖音在界面、功能和定位上都与 Dubsmash 类似，可以说是 Dubsmash 的中国学生。

对于观看者来说，抖音 App 是一款社交类软件，通过抖音短视频 App 你可以看到朋友的生活，同时也可以在这里认识到更多新朋友，了解各种奇闻趣事。

**第二步，了解抖音的发展历程**

抖音，原名 A.me，"今日头条"系名下重磅产品，于 2016 年 9 月上线。2017 年春节后头条集中资源全力推广这个新项目，抖音很快成为头条战略级产品。由于抖音利用到了头条核心的算法优势，所以内容的分发效率非常高。抖音同时继承了美拍的 KOL（关键意见领袖）和头条的明星资源，做以 KOL 为核心的粉丝传播，所以内容质量也有了强大的保证。

2017 年 11 月 10 日，"今日头条" 10 亿美元收购北美音乐短视频社交平台 Musical.ly，与抖音合并，定位在年轻人群体。（图 9-29）

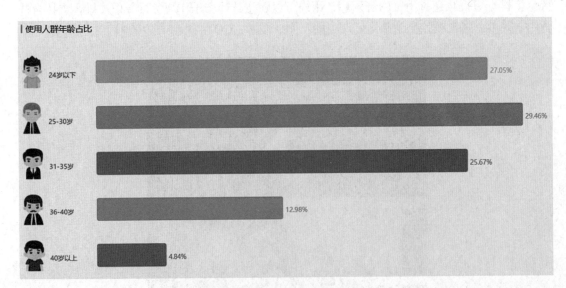

图9-29 抖音的用户年龄占比

2018 年 6 月，抖音每日活跃用户量突破 1.5 亿，同期首批 25 家央企集体入驻抖音，包括中国核电、航天科工、航空工业等，昔日人们印象中高冷的央企，正在借助新的传播形式寻求改变。此前，七大博物馆、北京市公安局反恐怖和特警总队、共青团中央等机构也已经入驻抖音。除了娱乐、搞笑、秀"颜值"、秀舞技，不少传播社会主义核心价值观的内容开

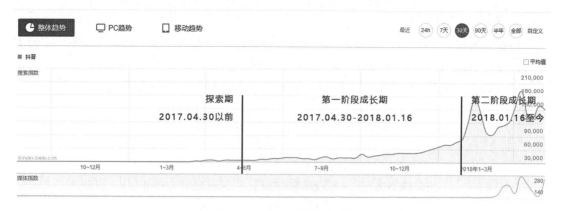

图9-30　抖音发展的几个阶段

始在短视频平台上流行起来。

**第三步，了解抖音短视频的特点**

### 1. 定位在音乐短视频社区

抖音的关键特点就是一切围绕音乐来进行。视频制作中，抖音提供了13种最受年轻人欢迎的音乐类型，包括流行音乐、电子音乐、神曲、说唱和经典老歌等，用户可以根据音乐MV和个性偏好进行二度创作。抖音的背景音乐大都极具节奏感，带有极强的感染力，甚至可以说是具有"洗脑"魔力，所以抖音上推荐的金曲一响起，用户常常会自然而然产生一种期待感。（图 9-31）

图9-31　抖音上的部分流行音乐

## 2. 紧扣人性的内容

短视频内容生产拥有巨大的影响力，而好内容的背后是紧扣人性。好的内容不在于精美与否，而在于能否唤起用户的感官刺激和内心深处的七情六欲。抖音的内容魔力就在于抓住了用户的眼球，同时满足了用户的好奇心、共鸣感、新鲜感等方面的需求。

图9-32　抖音和快手的受喜爱内容的类型排名

## 3. 内容具有连贯性

抖音非常擅于"炒热话题"，具体说就是诱发、强力暗示抖音用户的内容生产行为，尽力扩展延续抖音上的挑战活动和聚焦话题。

图9-33　抖音上发布的挑战内容

### 4. 内容门槛低，易模仿

抖音上短视频制作的门槛非常低，由此获得了高频的内容更新和海量的活跃用户。抖音的大部分视频都是容易被模仿和复制的，让所有普通人都看到了自我表达、自我展示的可能性，不论你在办公室还是学校寝室，不论你高矮胖瘦、贫穷富有，你都可以尽情地表达你自己。总之，抖音用短视频的能量释放了现今新一代年轻人的自我表达欲。

 活动评价

| 评 价 项 目 | 自 我 评 价 | | 教 师 评 价 | |
|---|---|---|---|---|
| | 小　结 | 评分（5分） | 小　结 | 评分（5分） |
| 1. 能说出抖音的概念 | | | | |
| 2. 能了解抖音的发展历程 | | | | |
| 3. 能说出抖音的特点 | | | | |

## 活动二　熟悉抖音营销的不同方法

### 活动描述

　　小李在了解了抖音的概念、发展和特点的同时下载抖音 App 体验了一番。他发现抖音上各行各业的营销达人们简直是花样百出，各展神通，某些方面他们甚至是无所不用其极。小李认为自己有必要认真分析总结下这些达人们在抖音上的营销方式和方法，以方便自己加深认识，同时为下一步在抖音平台进行营销做好准备。在本活动中，我们将和小李一起熟悉抖音营销的不同方法。

### 活动实施

#### 第一项，秀出产品，直接展示

直接展示商品亮点是抖音上最常见的营销方法。通常来说，许多商品至少会具有陌生新奇性、趣味性、可玩性、话题性、便利性等特性中的一项或几项。只要能够展示出商品本身的这些特点，就能够抓人眼球，达到商品营销的目的。

例如，下面这款水杯，初看起来比较普通，但是一旦倒满热水杯身上就能慢慢显示出精美的图案。这种水杯在众多水杯品类中是独特少见的，而且具有相当的话题性，所以直接用抖音视频展示就能抓住用户的注意力，达到营销的初步目的。

图9-34 直接展示的水杯

知识
链接

　　聚焦优势、夸张呈现是直接呈现常用的方法，即对于产品的某个或某几个独有的特征，用夸张、戏剧化的方式呈现，以给观众留下深刻的印象。例如，"空间大"是东风雷诺的卖点之一。为了突出这个卖点，销售人员直接"藏"了12个人在车里，并让人依次走出，并且在观众以为没人了的时候还有人跑出来，让不少观看者发出惊叹，留下深刻印象。因为人对戏剧性的反差总是非常敏感，这种方式常常是格外有效的。

图9-35 能藏12人的东风雷诺

### 第二项，策划周边，侧面呈现

有些时候我们所要发布的产品和同行的产品差别不大，也不太新鲜有趣，这样的产品怎么在抖音上进行呈现呢？这个时候我们可以尝试从周边产品做文章。"周边产品"原来指利用动画、漫画、游戏等作品中的人物或动物造型经授权后制成的商品，现在更多指与产品同时交付的一切相关物件。例如化妆品商家就常常使用大量周边产品来提升客户的满意度。

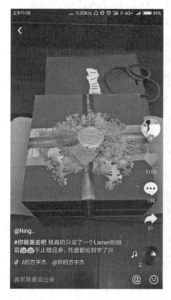

图9-36　Lamer家买眼霜赠送周边产品

再如抖音上的一家匹萨店也在周边产品（菜单）上做出了创意。这家店按照匹萨实物大小和形状印制了菜单，背面附上匹萨介绍非常生动有趣，并由此获得了15.5万的点赞。

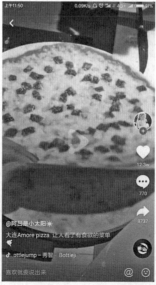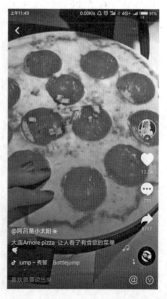

图9-37　抖音上做成匹萨模样的菜单

### 第三项　深入挖掘商品用途

除了产品和周边产品外，抖音上的商家常常运用跨界思维，去展现商品的跨界用途。不少常见的商品，也可以挖掘创造出有趣的功能。例如某手机 APP 能够扫描植物进行识别，这一功能鲜为人知，在抖音上就是很方便宣传的地方。

图9-38　能扫植物进行识别的某APP功能

### 第四项　植入广告宣传商品品牌

为了进行宣传，抖音上的商家常常尝试把商品植入到某个生活场景。商家通常会利用某个生活小窍门或搞笑片段制作一条视频，同时在场景中悄悄地进行植入——如桌角放产品、包装上有品牌 logo、背景有广告声音等，运用这样的方式也能起到一定的宣传效果。例如在某段草莓酸酸果茶制作视频中，店员很熟练地制作果茶，为用户展示生活小窍门，但是你能看到大大的"优芸钵华"和品牌包装——这就是一种广告植入。

图9-39　软性植入制作教程的品牌广告

当产品积累了一定的口碑和核心用户之后，商家就可以借助口碑效应来宣传。为了更好地宣传口碑，商家常常在抖音上展示消费者的排队、辣评、笑脸、强力推荐、火爆的预约电话等等。例如，从抖音火起来的"答案奶茶"就经常晒出店门口排长队的火爆场面。

图9-40　答案奶茶门前的长队

### 第五项　曝光日常宣传企业文化

通过展示公司日常来传播企业文化，也是抖音营销的重要方式。一般来说，员工热情似火、工作富有激情的公司更能够引起消费者的好感，也更愿意购买他们的产品。这种方式不仅能够展示品牌自信，而且可以传播自己的企业文化，进一步获取用户认同，拉近与用户之间的距离，营造亲近感。例如，小米的抖音官方账号发布了一个市场部员工去参加公司庆典的视频，活泼有趣，收获了不少粉丝的评论和点赞。

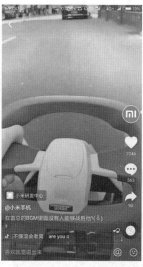

图9-41　小米市场部员工的工作日常

又如阿里巴巴抖音账号"上云就上阿里云"晒出一些食堂饭菜，便获得了3万多的点赞和评论。在这类视频中，企业的品牌和形象在不经意间就深入用户心中，往往事半功倍。

图9-42　阿里巴巴的员工餐

## 活动评价

| 评 价 项 目 | 自 我 评 价 | | 教 师 评 价 | |
|---|---|---|---|---|
| | 小 结 | 评分（5分） | 小 结 | 评分（5分） |
| 1. 能说出常见的抖音营销方法 | | | | |
| 2. 能掌握几种抖音营销方法的应用 | | | | |

## 练习题

**一、单选题**

1. 下列哪项是移动电子商务？　　　　　　　　　　　　　　　　　　（　　）

   A. M-Commerce　　　　　　　　　　B. E-Commerce

   C. B-Commerce　　　　　　　　　　D. S-Commerce

2. 第三代移动电子商务采用的哪种技术？　　　　　　　　　　　　　（　　）

   A. 3G　　　　　　　　　　　　　　　B. 4G

   C. WAP　　　　　　　　　　　　　　D. 2G

3. 下列哪项属于移动电子商务的特点？　　　　　　　　　　　　（　　）
   A. 开放性　　　　　　　　　　　　B. 美化性
   C. 独立性　　　　　　　　　　　　D. 依赖性
4. 下列哪一项属于移动营销的应用？（　　）
   A. 手机定外卖　　　　　　　　　　B. 手机发短信
   C. 手机打电话　　　　　　　　　　D. 手机听音乐
5. 下列哪一个网站属于 Social？　　　　　　　　　　　　　　　（　　）
   A. 新浪微博　　　　　　　　　　　B. 淘宝网
   C. 腾讯网　　　　　　　　　　　　D. 大街网
6. 下列哪一项手机 APP 应用了 LBS？　　　　　　　　　　　　（　　）
   A. 百度地图　　　　　　　　　　　B. 美图秀秀
   C. 安卓壁纸　　　　　　　　　　　D. 驾考宝典
7. 下列哪一项是 O2O 营销的特点？　　　　　　　　　　　　　（　　）
   A. 线上 + 线下　　　　　　　　　　B. 方便快捷
   C. 物美价廉　　　　　　　　　　　D. 服务周到
8. 下列哪一项是 O2O 应用？　　　　　　　　　　　　　　　　（　　）
   A. 饿了么外卖　　　　　　　　　　B. 微信交友
   C. QQ 空间　　　　　　　　　　　D. 新浪微博
9. 下列哪项是抖音的原名？　　　　　　　　　　　　　　　　　（　　）
   A. Amy　　　　　　　　　　　　　B. A. me
   C. L. me　　　　　　　　　　　　D. M-Commerce
10. 抖音是在哪一年开始上线的？　　　　　　　　　　　　　　（　　）
    A. 2015　　　　　　　　　　　　B. 2016
    C. 2017　　　　　　　　　　　　D. 2018
11. 下列哪项不属于抖音的关键词？　　　　　　　　　　　　　（　　）
    A. 短视频　　　　　　　　　　　B. 音乐性
    C. 高精尖　　　　　　　　　　　D. 话题性

二、多选题

1. 下列哪几项是第三代移动电子商务的应用技术？　　　　　　（　　）
   A. 3G　　　　　　　　　　　　　B. Web Service
   C. VPN　　　　　　　　　　　　D. 2G
2. 下面哪几个是移动电子商务的应用？　　　　　　　　　　　（　　）
   A. 手机淘宝　　　　　　　　　　B. 手机银行
   C. 手机短信　　　　　　　　　　D. 手机定外卖软件
3. 下面哪几项是移动电子商务的特点？　　　　　　　　　　　（　　）
   A. 开放性　　　　　　　　　　　B. 包容性
   C. 定制化服务　　　　　　　　　D. 技术创新
4. 下列哪几项属于 Social 类网站？　　　　　　　　　　　　（　　）
   A. 新浪微博　　　　　　　　　　B. 人人网

    C. Facebook                             D. 美团网

5. 下列哪几项属于 Mobile？                           （    ）

    A. Pad                                  B. 手机

    C. 台式机                          D. 可以无线上网的笔记本电脑

6. 下列哪几项属于 Local？                            （    ）

    A. 百度地图                         B. 微信摇一摇

    C. 高德地图                         D. 手机淘宝

7. 下列哪几项属于移动电子商务应用？                 （    ）

    A. 手机银行                         B. 手机淘宝

    C. 手机付费音乐下载                D. 百度地图

8. 下面哪几项属于 O2O 应用？                     （    ）

    A. 手机大众点评                    B. 饿了么

    C. 百度外卖                         D. 手机淘宝

9. 下列哪几项是抖音常用的视频技术？                 （    ）

    A. 快拍                                B. 渲染

    C. 贴纸                                D. 特效


## 三、判断题

1. 2G 是第二代移动商务的技术。                       （    ）

2. WAP 是第二代移动商务的技术。                    （    ）

3. 移动电子商务可以定制化服务。                     （    ）

4. 手机银行不属于移动电子商务。                     （    ）

5. 手机淘宝属于移动电子商务。                       （    ）

6. 百度地图使用了 LBS。                           （    ）

7. 手机大众点评属于 O2O。                         （    ）

8. 微信扫一扫支付属于 O2O。                      （    ）


## 四、案例思考

    "如果你不懂 O2O 是什么，那么你一定知道团购，团购就是 O2O 最初级的应用"，这是当年 O2O 在中国风头正劲时行业专家对 O2O 价值的定调。O2O 概念从诞生到爆发，不到两年时间。各种 O2O 创业公司拔地而起，各种投资机构纷纷切入，众多资源的参与证明了 O2O 商业模式的可行性。请列举出你身边的 O2O，并分析它给你带来的好处。